TEXTS AND STUDIES

CONTRIBUTIONS TO
BIBLICAL AND PATRISTIC LITERATURE

EDITED BY

J. ARMITAGE ROBINSON B.D.

FELLOW OF CHRIST'S COLLEGE CAMBRIDGE

VOL. I.

No. 4. THE FRAGMENTS OF HERACLEON

THE FRAGMENTS OF HERACLEON

NEWLY EDITED FROM THE MSS.

WITH AN INTRODUCTION AND NOTES

BY

A. E. BROOKE M.A.

FELLOW OF KING'S COLLEGE CAMBRIDGE

PUBLISHERS

Eugene, Oregon

Wipf and Stock Publishers
199 W 8th Ave, Suite 3
Eugene, OR 97401

The Fragments of Heracleon
By Brooke, A.E.
ISBN: 1-59244-850-X
Publication date 9/3/2004
Previously published by Cambridge, 1891

PATRI CARISSIMO

TABLE OF CONTENTS.

	PAGES
INTRODUCTION	1–49
The MSS. of Origen's Commentaries on S. John	1
The Date and Teaching of Heracleon	31
TEXT AND NOTES	50–103
ADDITIONAL NOTES	104–107
Heracleon and Valentinus	104
Collation of the 'Excerpta ex Theodoto'	105
On the Text of Fragment 24	106
INDICES	108–112
Index of passages of Scripture quoted, explained, or referred to by Heracleon	108
Index of Greek words in the Fragments of Heracleon	109

THE MSS. OF ORIGEN'S COMMENTARIES ON S. JOHN.

OF the extant manuscripts of the Commentaries on S. John, three only have been used by the editors. So far as I have been able to discover, there are seven in existence. If we count Thorndike's transcription of the Bodleian Manuscript, there are eight. The existence of a ninth is doubtful, but this question will be more easily discussed later on. The three which seem to have been used by the editors are at Paris, Rome and Oxford. The similarity of the text contained in them and the fact that they all contained many common lacunae, pointed to their derivation from a near common ancestor. The following pages are an attempt to shew that this ancestor still exists, though unfortunately in a bad state of preservation, in the Library at Munich.

The Manuscripts are as follows :—

I. *Codex Monacensis.* In the Munich State Library, Graec. CXCI; thus described in the Catalogue, "Bombycinus charta obsoleta et laesa atramento flavescente literis minutis et elegantibus frequenti abbreviatione in folio, ff. 305, saec. XIII. foliorum ordine turbato male conservatus et inscriptus φυλ. ριβ′, Origenis Comm. in Matt. et Jn."

Of the Commentaries on S. John it contains Bks. 1. 2. 6. 10. 13. 19. 20. 28. 32 (33 according to Hardt's Catalogue, but this is an error). Thus the MS. follows the true division of the Books. The Ferrarian division (that invented or adopted by Ambrosius Ferrarius in his translation) into 32 books is added in the margin by a later hand.

Minuscules are used, hanging from ruled lines, there being one column of 30 lines on each page, in the Commentaries on S. John.

The Commentaries on S. Matthew are in another hand and contain 36 lines on a page. In both red semi-capitals are often used at the beginning of sentences, but not uniformly. The MS. is stained at the top and bottom, and worm-eaten in many places. The order of the folios in S. Matthew is much confused, and one or two pages are wanting.

The title-page of the MS. has the following description:
"Origenis in D. Matt. Ev. tomus 11 init. mut. 12. 13. 14. 15. 16. et in evang. Johann. tom. 1. 2. 6. 9. 13. 19. 20. 32."

In the middle of the page are the arms, below which is written: "Ex electorali Bibliotheca sereniss. utriusque Bavariae Ducum."

This description is inaccurate. Most of Bk. x. of the Comm. in Matt. is there, and also Bk. XVII. And with regard to the Comm. in Joann. 9 is a mistake for 10, and 28 should have been inserted.

Huet mentions a MS. of the Commentaries on S. Matthew in his *Origeniana* III. iii. 12. "In Catalogo librorum ducis Bavariae notatur Tomus Undecimus initio quoque mutilus cum proxime sequentibus quinque." And as to the Commentaries on S. John he was again misinformed. "Eosdem (i.e. 1. 2. 6. 10. 13. 19. 20. 28. 32) complectitur Tomos praeter decimum et vigesimum octavum memoratus liber in bibliothecae Bavaricae Catalogo" (III. iii. 14). The 10th and the 28th books are contained, as well as the rest, in the Manuscript. The Catalogue which he used must have had the same mistakes which occur on the title-page of the MS.

The Commentaries on S. John are preceded by a short preface stating that in the archetype of the MS. were several marginal notes drawing attention to Origen's blasphemies, which, the scribe says, he has copied as he found them.

II. *Codex Venetus.* In the Bibliotheca Marciana at Venice, Graec. 32. The title as given in the MS. itself is

† ὠριγένους ἐξήγησις εἰς τὸ κατὰ Ματθαῖον καὶ κατ' Ἰωάννην κτῆμα βησσαρίωνος καρδηναλ. τῶν Τόσκλων.

The MS. is dated 1374. It is written in minuscules hanging from ruled lines, with one column of 36 lines on a page, and about 60 letters in each line. It consists of ff. 330 of which ff. 1—117 contain the Comm. in Matt. Bks. 10—17 (inclusive). F. 118 contains a preface on Origen's blasphemy, beginning πολλῶν μὲν and ending καὶ αὖθις ἀψώμεθα. This preface has nothing to do with the preface in the Munich Codex concerning the marginal notes in its ancestor. The words τοῦ βασιλέως at the head of this preface point probably to some connexion with Constantinople. Ff. 112 (recto)—294 (verso) contain the Commentaries on S. John. So far the folios are numbered. The remainder, to 330, are left blank and unnumbered.

This MS. was used by Ambrosius Ferrarius, who in A.D. 1551 translated the Commentaries on S. John into Latin. They are divided in the MS. into 32 books. "A callido librario in Tomos triginta duos distributus fuit, hac arte lacunas et hiatus celare, et apud incautos dissimulare, et pro integro venditare volente," says Huet. The fraud is sufficiently patent; if conviction were necessary, we have only to look at the fragments quoted as from the fourth and fifth books of the Commentaries in the Philocalia. The divergences between the text of this MS. and Ferrarius's translation are not more than can be accounted for by the loose and paraphrastic character of translations of that time, or by the necessity of original composition to which he was sometimes reduced in consequence of his inability to understand the Greek, which is in some places too corrupt for conjecture.

At the end of the MS. the following note has been added:

"Fuit copiatus per Georgium Triphon[ium] di Maluasiae et finitto ad X Ottobr. 1555."

To this we shall have occasion to refer when we are dealing with the seventh manuscript. The same scribe is known to have been working at Venice also in 1548 (see Gardthausen, *Griechische Palaeographie*, p. 322).

III. *Codex Regius*. Graec. CDLV. in the Bibliothèque Nationale at Paris; thus described in the manuscript itself:

† Ὠριγένους τῶν εἰς τὸ κατὰ Ἰωάννην εὐαγγέλιον ἐξηγητικὰ τόμοι λϛ'.

† τοῦ αὐτοῦ εἰς τὸ κατὰ Ματθαῖον Τόμοι ε̄ ἀπὸ τοῦ δεκάτου τόμου ἄνευ ἀρχῆς ὄντος μέχρι τοῦ ιζ'ᵈ.

Codex Chartac. XVI. saec. scriptum quo continentur Origenis commentaria in Johannem et Matthaeum quae primus in lucem protulit Daniel Huetius.

In the early parts of the Commentaries on S. Matthew the folios are in wrong order and there are large lacunae. The Codex is written in minuscules hanging from ruled lines. This was the MS. on which Huet based his text, though his text is not identical with that of the MS., as Delarue seems often to have assumed. It was used by Perionius in his translation of the Commentaries on S. John.

IV. *Codex Bodleianus.* Misc. 58: used by Delarue. This MS. is described in the Bodleian Catalogue as being of the 17th Century. Its resemblance to II. is very close. It is now bound in three volumes of which the first contains ff. 183, the second 183, and the third 182. It contains only the Commentaries on S. John. In the margin it has two sets of emendations. The first are introduced by the word τάχα and are for the most part based on Ferrarius's Latin Version. The second, which are distinguished by the word ἴσως, are later and inferior. In the copy of Huet belonging to the Library of Trinity College, Cambridge, Bentley has noted in the margin a great many readings from this MS., though apparently he did not make a full collation[1].

V. *Codex Barberinus I.* In the Barberini Library at Rome; of the 15th or 16th Century, in the opinion of the Librarian, M. l'Abbé Pieralisi. It contains the Commentaries on S. Matthew (beginning at Book X. τότε ἀφεὶς τοὺς ὄχλους, and ending ἐπιστρέψαι πρὸς αὐτόν, Bk. XVII.) and the Commentaries on S. John, divided into 32 Books. It is bound up with a MS. (in the same hand, I think) of Philo Περὶ τοῦ βίου Μωσέως.

VI. *Codex Barberinus II.* Of the same date as the preceding. It contains the Commentaries on S. Matthew and S. John, but the former begin with the words τίνι δὲ λάμψουσιν ἐν τοῖς ὑποδεεστέροις, and there is no trace of a folio having been lost. This, as will be seen later on, is almost conclusive proof as to its origin.

VII. *Codex Matritensis.* In the Biblioteca Nacional at Madrid. This MS. I have not myself seen, and I am indebted to my friend Mr W. Gilchrist Clark of King's College, Cambridge, for the following information. It is numbered O. 32. It is a folio MS. written on paper, containing ff. 306, with 30 lines on a page, and

---

[1] He writes at the beginning of Huet's text "Collatus ad Cod. Mstum. Chartaceum ab Italo (ut videtur) scriptum in Bibliotheca Bodleiana Oxonii Num. E. 2. 6, 7, 8."

about 40 letters in a line. It contains the preface which is found in Codex Venetus, headed by the words + τοῦ βασιλέως +, beginning on the 2nd recto πολλῶν τὸν ὠριγένην αἱρετικὸν ὑπάρχειν ψηφισαμένων, and ending on the 2nd verso καὶ αὖθις ἀψώμεθα. The Commentaries begin on the 3rd recto with the title ὠριγένους τῶν εἰς τὸ κατὰ Ἰωάννην εὐαγγέλιον ἐξηγητικῶν τόμος πρῶτος. It is divided into 32 books and is dated at the end: ἀ͵φνε͂ ἐν μηνὶ αὐγούστου κ̄.

After this follows the name of the scribe in cryptograph.

† κθ⁊θ´ ζεσ⁊ζθ´σ ψσ ψ⁊χφσ̂ν:
        ἐζ⁊θφβ:

That is to say   παρὰ Γεωργίῳ τῷ Τρύφων:
                 ἐγράφη.

The cryptograph used is the common one in which the scribe takes the Greek alphabet with the three letters F, Ϙ, and ⁊, thus getting 27 letters. These he divides into 3 parts of 9 letters each, and substitutes the first for the last, the 2nd for the last but one, and so on, in each group. Thus the middle letters of each 9 are unchanged, viz. ε, ν, and φ. It will thus be seen that the colophon exactly tallies with the note at the end of Codex Venetus, in date (1555) and name.

It may be as well to notice here, on account of its connexion in origin with the foregoing, a MS. of the Commentaries on S. Matthew, numbered O. 47. It is a folio, written on paper and containing ff. 226; it is in the same hand as O. 32 and a MS. of the Contra Celsum in the same Library. It contains the Commentaries on S. Matthew, beginning at the 10th (with the words τότε ἀφεὶς τοὺς ὄχλους) and ending at the 27th (ἐπιστρέψαι πρὸς αὐτόν).

The MS. is dated α͵φνε. ὀκτωβρίου β΄. and signed ἐζ⁊θφβ · κθ⁊θ · ζεσ⁊ζϘσ · ψ⁊χφσ̂ν. After this it has on f. 225 the preface on Origen's blasphemies, with the same heading + τοῦ βασιλέως + as in O. 32. The scribe has thus copied this passage twice, at the end of S. Matthew and again at the beginning of S. John.

---

[1] The θ must be a mistake for Ϙ which would represent ι.

VIII. The transcription of Codex Bodleianus (IV.) made by Herbert Thorndike needs no further description. It is now in the Library of Trinity College, Cambridge (numbered B. 9. 11). It is not without value however, as the writer has inserted several conjectural emendations in the margin, and there are also three pages of critical notes at the beginning.

IX. The existence of a ninth MS. is doubtful. In Miller's Catalogue of the Escurial Library, pp. 305 ff., is given a list, found in one of the Escurial MSS. (x. i. 15), of the Greek Manuscripts which belonged to Cardinal Sirlet's Library, and passed into the possession of Cardinal Ottoboni (Alexander VIII.). Subsequently Benedict XIV. is said to have placed them in the Vatican. Among these is a MS. containing Origen's Commentaries on S. Matthew and S. John, and Philo Περὶ τοῦ βίου τοῦ Μωσέως, Περὶ τοῦ βίου πολιτικοῦ (Joseph), and Περὶ νόμων ἀγράφων (Abraham). In the Catalogue of the Ottobonian part of the Vatican Library, which has not yet been published, but exists in manuscript in the Vatican, I could find no trace of it. But the description answers very nearly to the MS. now in the Barberini, which I have numbered V. Is it possible that this MS. passed from the hands of any of its former owners into the possession of the Barberini? If not, we must suppose that this MS. has been lost, unless indeed the MS. Catalogue of the Ottobonian Manuscripts is incomplete. Delarue constantly refers to a 'Codex Barberinus,' and generally the readings he quotes from it would seem to be taken from No. V; but his citations are not always accurate. The existence of two manuscripts in the Barberini does not seem to have been known to any one.

The relations of these MSS. to one another must now be considered. For the sake of clearness I subjoin a diagram shewing what I conceive their relations to be. After this I propose to consider the relations (1) of the Munich Codex to those MSS. which seem to be directly copied from it, (2) of the Venice Codex to those which are, I believe, its descendants, and (3) of the Venice to the Munich MS.

1. (*a*) Let us then consider first the relation of the Paris Codex to that at Munich. The contents of the two are practically the same, so far as concerns the subject of our present enquiry.

THE MSS. OF ORIGEN'S COMMENTARIES ON S. JOHN. 7

(i) As pointed out above, the statement that the *Cod. Monac.* contains of the Comm. in Matt. Books XI. (mutilated) to XVI. is incorrect. It contains also most of Book X., and Book XVII. The

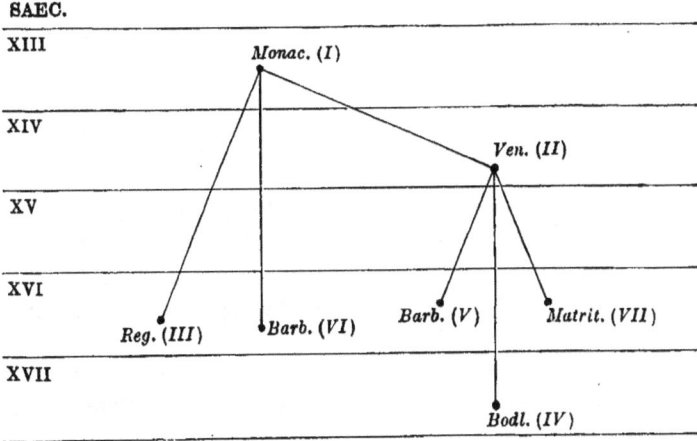

mistake as to the latter point has arisen from the fact that Books XVI. and XVII. are not divided as the other books are. But the last words contained in this part of the MS. are ἐπιστρέψαι πρὸς αὐτόν, the ending of Book XVII.; and a calculation of pages easily shews that both Books XVI. and XVII. are contained in the MS., for Book XV. begins on f. 62, Book XVI. on f. 77, and the Comm. in Matt. end on f. 110. Thus while Book XV. takes only ff. 15, what is called Book XVI. takes 33, though in Lommatzsch's edition Books XV. and XVI. cover very nearly the same number of pages each. In the Comm. in Joann. there is no difference of contents.

(ii) The first words which occur in the *Cod. Monac.* are τίνι δὲ λάμψουσιν ἐν τοῖς ὑποδεεστέροις which occur towards the end of Book X. chap. 3 (Lomm. III. p. 15). In the Paris MS. the leaves are not in right order, but the first words which occur (they are on f. 255) are πάλιν ὁμοία ἐστιν κ.τ.λ. (Mt. xiii. 44) which begin chap. 4 of Book X. Thus the scribe seems to have begun his MS. with the first whole chapter contained in his exemplar. If then this MS. is copied from the Munich MS., the latter must already have lost its first leaf in the 16th century.

More direct proofs of copying are not wanting.

Lomm. I. p. 118, l. 22. *Cod. Monac.* has παραμεμυ...οϛ the intervening space being worm-eaten, *Cod. Reg.* has παραμεμ.. σαι leaving space for about four letters.

p. 152, l. 15. *Cod. Monac.* reads οὐθὲν, but the θὲν is hidden by a piece of parchment fastened on over it. *Reg.* omits the word leaving a space for three letters.

p. 177, l. 5. *Cod. Monac.* has μονογενὴς θ͞σ, the ὁ υἱὸς being an interlinear insertion by a later hand. *Cod. Reg.* has ὁ μονογενὴς υἱὸς θεὸς all in the text.

p. 272, l. 6. In the Munich Codex the words αὐτοῦ ἡ ἁμαρτία are almost illegible, either because the scribe turned over the page before it was dry, or owing to the subsequent effect of damp on the manuscript. The blot appears on the opposite leaf. *Cod. Reg.* omits the words.

Lomm. II. p. 108, l. 9. -μου οὐδὲν μέν-. In *Cod. Mon.* these letters are obliterated. *Cod. Reg.* omits the same letters, leaving space for them.

p. 108, l. 11. περὶ ἑτέρων. The same phenomenon occurs here with regard to the letters περὶ ἑτερ.

p. 117, l. 1. εἰσελθεῖν. *Cod. Reg.* omits the word. In *Cod. Monac.* the letters σελ are almost obliterated.

p. 127, l. 15. σημαίνει γὰρ τὸ μὲν τοιοῦτον. Here again we have an indication. Both manuscripts erroneously repeat the letters μαίνει γὰρ τὸ.

The proof may be completed by two passages from the text of the Commentaries on S. Matthew; Book XI. chap. ix.

Lomm. III. p. 91, l. 10. εἴ τις οὖν. The εἴ τις is stained and indistinct in *Cod. Mon. Cod. Reg.* omits the words, leaving a space.

l. 11. πενήτων. The first four letters are hardly legible in *Cod. Mon.* In *Cod. Reg.* we find a space for four letters followed by των.

The divergences of the two MSS. are numerous but not important. Most of them are due to ordinary transcriptional blunders. The rest may be explained by the supposition that the scribe of the Paris MS. was more than usually careless and ignorant.

I subjoin a list of their divergences (other than mere itacisms and cases of the addition or omission of ν ἐφελκυστικόν) which occur in the first 30 pages of Tom. XIII. of the *Comm. in Joann.* (Lommatzsch's edition).

		Monacensis	Regius
P. 1,	Title	τὸν	τὸ
2, l.	10	τὸ ζῶν	ζῶν
3,	14	ἕνα	ἕν
4,	3	λεβητῶν	λευιτῶν
		[M generally has the old form of β i.e. 'υ']	
	5	ἀπέκτεινα	ἀποκτεῖναι
	13	μωσῆς	μωυσῆς
	18	περὶ	παρὰ
5,	10	ομοιαν	ὅμοιον
	11	τό· ὃς ἂν	ὃς ἂν
	18	τὰ νοήματα	νοήματα
7,	11	διάλλεται	διάλληται
8,	8	δὲ τις εἰ	omit
		[both om. the clause τὴν δικαιοσύνην—εἴ τις]	
	15	σαμαρείτι	σαμαρείτιδι
9,	6	ποιεῖν	πιεῖν
	15	διψῆν	διψῶν
10,	3	τὸν κόσμον	omit
	20	ἀκούων	ἀκούω
11,	22	τοῦ πνεύματος	πνεύματος
13,	16	περὶ τὸ	περὶ τοῦ
	17	ὡ ἑτὸν	ὡς τὸν
15,	14	πῶς	πως
	23	παρατιθεῖσαν	παρατεθεῖσαν
	24	διελεγχθῆναι	διελεχθῆναι
18,	5	ἄτονον	ἄτονος
	8	τὰ θρέμματα	om. τὰ
	26	γινομένη	γενομένη
19,	1	ἔχει	ἔχειν
	18	διέρχωμαι	διέρχομαι
20,	24	Ἡρακλέωνι	Ἡρακλέων
21,	4	ἡ πνικὴ	πνικη
22,	1	καταλειφθέντας	καταλειφθέντος
	16	Ἰσσάχαρ	Ἰσάχαρ
23,	4	σολομῶνος	σολομῶντος
	11	σαμαρεὺς	σαμαρεῖς
24,	17	ἐνθαδεράτευμα	ἐνθάδε ἱεράτευμα
	22	ἔρχεται	ἔρχεσθαι
25,	7	φθάνοντας	φθάνοντα
26,	5	δι' ἄγνοιαν	διάνοιαν

THE FRAGMENTS OF HERACLEON.

		Monacensis	Regius
26,	14	ἕ τ	περὶ
27,	6	ἐν	ἦν
	8	ᾧ	ὡς
	9	Ἱεροσόλυμα	bis
	10	ᾧ	omit
	11	ἐθνικοὶ	οἱ ἐθνικοὶ
	12	om. ᾧ	ins. ᾧ
	23	καὶ θειότερον	omit
28,	11	προαποδεδώκαμεν	προσαποδεδώκαμεν
		νοείσθω	νοῆσθαι
29,	6	οἱ Ἰουδαῖοι	Ἰουδαῖοι
30,	2	καθελὴν ἅς	καθελεῖν ἅς
	6	ἀγγέλλοις	ἀγγέλοις
	10	δεῖ	δὲ

(*b*) *Codex Barberinus II.* (VI). I can only speak from slight knowledge of this MS. The Barberini Library was closed during Vacation when I was in Rome in October, 1888, and it was only through the great kindness of the Librarian that I was allowed to work for two hours at the manuscripts which it contains.. But I was fortunately able to obtain sufficient evidence to determine their relative places in the groups almost with certainty.

The first words of the Comm. in Matt. which this MS. contains are τίνι δὲ λάμψουσιν. As these are the first words contained in *Cod. Monac.*, though they occur towards the end of a chapter and paragraph in the Commentaries, this is in itself almost conclusive proof of the origin of the MS. For, as has been stated above, *Cod. Monac.* has lost a leaf at the outset. The Barberini MS. also contains the true division of the Comm. in Joann. in red. The 'Ferrarian' divisions have been added in the margin, but are in the hand of the original scribe. It has also many, at any rate, of the same warnings against Origen's blasphemies, which are contained in *Cod. Monac.*, as for instance

Lomm. I. p. 96 (opposite ὑπερεχόμενος ὑπὸ τοῦ τῶν ὅλων θεοῦ κ.τ.λ.) φλυαρεῖς ἴσος θεὸς γὰρ ὁ υἱὸς τῷ πατρί.

p. 108 (opposite ὑπὸ τοῦ κρείττονος...παρὰ τὸν λόγον) ὅρα φεῦγε βλασφημεῖ γάρ.

The following readings, when contrasted with the corresponding variants of the Venice group, point to the same conclusion

I have designated *Codex Monacensis* as M, *Codex Regius* as P, *Codex Barberinus* as R.

Lomm. II. p. 6, l. 1 ἔκτυπον PMR.
p. 13, l. 16 περὶ τό MR.
p. 13, l. 17 ὦ ἐτὸν MR.
p. 14, l. 1 ἐνδεινὰ τοῖς PMR.
p. 60, l. 12 λέγονται MR. ἔγονται P.
p. 60, l. 13 ἀποκλισθείσαις PMR.
p. 108, l. 9 -μου οὐδὲν μεν- om. PR.
(In M the words are worm-eaten.)
p. 108, l. 11 περὶ ἑτέρων om. R.
... ... ων P.
(In M the letters περὶ ἑτερ are damaged.)

p. 132 M has the following marginal note: καὶ μὴν καὶ τὰ τέρατα χωρὶς τῶν σημείων εὕρηται ὡς ἐν τῇ ᾠδῇ τῇ μετὰ τὴν διάβασιν τῆς ἐρυθρᾶς ἀνατεθείσῃ τῷ θεῷ θαυμαστὸς γὰρ φησὶν ἐνδόξως ποιῶν τέρατα.

(I have printed the contracted words in full.) R has the same note exactly: P has it, but has made two mistakes in copying, reading θαυμαστὰ for θαυμαστός and omitting ᾠδῇ τῇ.

p. 73, l. 1 M has ἀκ...οντα, the intervening letters being damaged.

R reads ἀκ...οντα, leaving a space corresponding to the dots.

P has hazarded a conjecture, and a very unfortunate one.

The only divergences from the Munich MS. which I was able to notice were

Lomm. II. p. 137, l. 9 M διαφθορὰς. R διαφθορὰν.

p. 137, l. 15. The erroneous repetition of μαίνει γὰρ τὸ found in M (and copied by P) is not followed by R.

p. 291, l. 13 MP κατέ. R κατέβη.

Thus *Codex Barberinus* must be copied either from *Codex Monacensis* or from a copy of that MS. The passages quoted prove conclusively that it is not a copy of *Codex Regius*. There are several omissions, with corresponding spaces left blank, in this MS. which do not occur in *Cod. Regius*. These, I imagine, are attributable to the worm-eaten and stained condition of *Cod. Monacensis*, and tend to shew that *Cod. Regius* must have been copied early in the 16th century, *Cod. Barberinus* late in the same century, and that *Cod. Monac.*, wherever it was (I was unable to obtain any information as to its history at Munich), was neglected during this period.

2. (*a*) The relation of the Bodleian MS. to that at Venice is not hard to determine. Their divergences are very slight, being for the most part ordinary transcriptional blunders or corrections, and even of these there is only a very small number. The rest may be explained by the fact that the scribe of the Bodleian MS. knew Greek. Direct proofs of copying are afforded in some places.

Lomm. I. p. 117, l. 12 (in the first fragment of Heracleon). After the word Οὐαλεντίνου space is left for about nine letters. The same lacuna occurs in *Codex Venetus*, but in it there has been an erasure.

Lomm. II. p. 7, l. 2. After εὐκινήτῳ there has been an erasure in *Cod. Ven.* A corresponding lacuna is left in *Cod. Bodl.*

Lomm. II. p. 53, l. 7. *Codex Venetus* reads ἀρχῆς^{πηγῆς} (sic). *Cod. Bodl.* has πηγῆς ἀρχῆς.

(*b*) I was not able to notice any divergence of *Codex Barberinus I.* (V) from the Venice MS. except that in the passage mentioned above it leaves no space after Οὐαλεντίνου, from which of course no conclusion can be drawn. The fact that the Commentaries on S. Matthew begin at the beginning of the 10th Book (τότε ἀφεὶς τοὺς ὄχλους), considered in connexion with the date of the MS. (saec. XV. or XVI.), proves that it belongs to the Venice as opposed to the Munich group, and the division into 32 books points to the same conclusion. The following readings tend to prove the identity of its text with that of *Codex Venetus*.

Lomm. I. p. 117, l. 16 διαφέροντα γὰρ φησὶ Ven. Bar.

II. p. 9, l. 20 ἔθη Ven. Bar.

p. 13, l. 16 παρὰ τὸ Ven. Bar.

(*Codex Bodleianus* has παρὰ τοῦ.)

p. 14, l. 1 ἐν δυνατοῖς Ven. Bar.

p. 122, l. 1 εἰ Ven. Bar.

p. 122, l. 9 τοὺς ἐνδεδυμένους Ven. Bar.

p. 376, l. 4 τριακόστου πρώτου Ven. Bar.
p. 376, l. 6 τριακόστῳ δευτέρῳ Ven. Bar.
(Ven. has notes in the margin stating that its exemplar read 28th and 29th.)
Lomm. II. p. 73, l. 1, lacuna (room for 5 letters) before ὄντα Ven. Bar., sec above, p. 11.

(c) The correspondence of the cryptograph in the MS. at Madrid with the note at the end of *Codex Venetus* is sufficient proof of the origin of the former. And with this the information which I have received as to the text agrees. The lacunae in the text (Lommatzsch I. pp. 11, 14, 18, 36, 41, 43), which occur in the *Cod. Venetus* and which will be discussed more fully in the next section, are also found here. And in the case of p. 41, the suggestion found in *Cod. Ven.* in the margin (οἶμαι παρασχεῖν τὴν ὕπαρξιν καὶ τὴν πλάσιν καὶ τὰ εἴδη) is put *in the margin* also in the Madrid MS. See also I. 23, Lomm. p. 44, l. 7 θαυμάζειν τὴν ἀβελτηρίαν τῶν πολλῶν. The word ἀβελτηρίαν is omitted in *Codex Monacensis*, and also in *Codex Venetus*, but in the latter it is added in the margin. In *Cod. Matritensis* it is also added in the margin.

It can easily be shewn that O. 47 is copied from the 1st part of the Venice MS. which contains the Commentaries on S. Matthew. Thus the colophons at Madrid exactly agree with the note in the Venice MS., except that the latter has October 10 instead of October 2. As we can hardly imagine that the preface (πολλῶν τὸν Ὠριγένην κ.τ.λ.) took 8 days to copy—it occurs in O. 47 after the colophon—we must leave this discrepancy unexplained.

3. Thus there seems to be no reasonable doubt as to the derivation of all the other manuscripts from *Cod. Monacensis* and *Codex Venetus*. The more extensive divergences of these two at first led me to suppose them to be independent of each other, but a closer examination disclosed convincing proof of the dependence of the latter on the former. Their divergences give us only too clear an insight into the freedom with which the text of an exemplar was handled, at any rate in the 14th century. An examination of the Contra Celsum manuscripts affords, I believe, an

instructive parallel[1]. The relation of *Cod. Ven.* to *Cod. Monac.* remains to be considered in detail. Several lacunae caused in *Cod. Monac.* by damage done to the MS. by water, or in other ways, are matched in *Cod. Ven.* by corresponding places left blank by the scribe. These lacunae occur almost entirely in the first book. The chief instances are the following:

Bk. I. c. 4 (Lomm. p. 11) L. and Delarue read γραφέντα καὶ κατ' ἐξουσίαν, οὐ μὴν τὸ εἰλικρινὲς τῶν ἐκ θείας ἐπιπνοίας λόγων. After γραφέντα *Cod. Monac.* is illegible until the word εἰλικρινές, but between ἐξουσίαν and οὐ μὴν there must have been at least 17 more letters, of which some near the end were I think ἀποστολικ. *Cod. Ven.* leaves space between these two words for about 25 letters.

Bk. I. c. 6 (Lomm. p. 14) τέλος αὐτοῦ παρὰ τῷ 'Ιωάννῃ. These words are nearly illegible in *Cod. Monac.*, but there must have been about 14 more letters, and *Cod. Ven.* leaves space for 15 more letters after 'Ιωάννῃ.

On the same page εἰρηκώς......διδάσκειν is similarly stained in *Cod. Monac.*, and *Cod. Ven.* omits the passage, except the word εἰρηκώς, leaving a space.

Bk. I. c. 8, Lomm. p. 18. ...καὶ ὅτι ὅλον. In *Cod. Monac.* we find after ὅλον, τὸ φίλ...μ.ζ(?)...ν.(?) ὅτι: then more than half a line illegible, the MS. being damaged as in the other cases.

Cod. Ven. has ὅλον (space 11)[2] ὅταν γὰρ (space ½ line) υἱοὺς κ.τ.λ.

Bk. I. c. 9, Lomm. p. 20. ἐστὶν ἐκλαμβάνειν...οὕτω Χριστιανός. All this is damaged in *Cod. Monac.* and mostly illegible, but there is room for about 20 more letters than are contained in the words as they stand in Delarue and Lommatzsch. *Cod. Ven.* contains all that is in the printed texts, and after περιτετμημένος leaves a space of about ⅔ of a line, after which it has οὕτω Χριστιανὸς κ.τ.λ.

Bk. I. c. 17, Lomm. p. 36. Similar phenomena occur again here.

---

[1] Cf. an Article in the Journal of Philology Vol. XVIII. No. 36, "On the text of Origen against Celsus," esp. pp. 294, 295.

[2] The numbers after the word 'space' refer in each instance to the (approximate) number of letters which the space left could contain.

Bk. I. c. 22, Lomm. p. 41. τοῖς οὖσι καὶ τῇ ὕλῃ......λέγοντα.
This is all damaged in *Cod. Monac.*, but the following facts are discoverable.

(1) It omits οἶμαι and τὴν ὕπαρξιν.
(2) Between εἰ καὶ and εἰπεῖν there is room for about 23 more letters.
(3) ἐστὶν is, I think, not contained in it. The words are illegible, but the ink has to some extent stayed on the opposite leaf. Reading backwards, I thought I could trace somewhat as follows:

εἰ καὶ τὰς οὐσίας χαλεπὸν μὲν οὖν παχύτερον εἰπεῖν.

Cod. Ven. has τῇ ὕλῃ (space 20); then καὶ τὰ κ.τ.λ. to εἰ καὶ as in the texts; after which (space 23), εἰπεῖν κ.τ.λ.

In the margin it has οἶμαι παρασχεῖν τὴν ὕπαρξιν καὶ τὴν πλάσιν καὶ τὰ εἴδη.

Thus we get some valuable information by which to attempt a restoration of the text, and very sure indications of the relations of the two MSS.

Bk. I. c. 23, Lomm. p. 43. τίς ὁ ἐν αὐτῇ λόγος...ἐπέρχεται σκοποῦντι. Damaged in *Cod. Monac.*, which has space for more. *Cod. Ven.* leaves a space of one line between ἐπέρχεται and σκοποῦντι.

Bk. XIII. c. 39, Lomm. Vol. II. p. 73, ἤτοι ὄντα.
Cod. Monac. has ἤτοι ἀκ (space 3 or 4) οντα, the letters intervening being damaged. *Cod. Ven.* has ἤτοι (space 5), then οντα.

Such evidence as this must hold good against much textual divergence; and it must be admitted that the scribe of *Cod. Ven.* has made rather free use of conjectural alteration. But a comparison of the readings of *Cod. Ven.* with those of *Cod. Monac.*, which are given at the end of the Introduction, will shew, I think, that this supposition will explain the facts better than any other theory.

Similar evidence may also be obtained from an investigation of the first parts of the MSS. which contain the Commentaries on S. Matthew. Perhaps a short statement on this part of the evidence may not be out of place. Here in Books X. and XI. the leaves of the Munich Codex have been bound up in wrong order, and two or three are wanting. In the Venice MS. the leaves are in their right order, and nothing is missing; hence the displacement and the loss of leaves in *Cod. Monac.* is subsequent to 1374, the date of the Venice MS.

The Munich MS. has lost its first leaf; it now begins with the words τίνι δὲ λάμψουσιν, Bk. x. c. 3, Lomm. p. 15. These occur in *Cod. Ven.* on the 2nd recto, line 5.

We may first notice two omissions, due to homoioteleuton, in *Cod. Ven.* of words contained in *Cod. Mon.*; as indications of course, not as proofs.

Bk. XI. c. 18, Lomm. pp. 120, 121. ὁ χωλὸς καὶ τρανὴ ἔσται—ὁ χωλός. *Cod. Ven.* omits καὶ τρανὴ—ὁ χωλός.

Bk. XII. c. 1, Lomm. p. 127. καὶ φαρισαῖοι. πρεσβεύουσι γὰρ οἱ μὲν φαρισαῖοι.

Cod. Ven. omits πρεσβεύουσι—φαρισαῖοι.

The following passage supplies clear proofs. (Bk. XII. c. 20.)

Ἐπεὶ δὲ οὐκ ἐνεδέχετο ⌜προ-φήτην ἀπο⌝λέσθαι ἔξω Ἱε-ρουσαλήμ, ἀπώλειαν ἀναλο-γίαν ἔχουσαν πρὸς ⌜τὸ· ὁ ἀπολέσας τὴν ψυχὴν αὐ-τοῦ ἕνεκεν ἐ⌝μοῦ εὑρήσει αὐτήν, διὰ τοῦτο ἔδει αὐτὸν εἰς Ἱεροσόλυμα ἀπελθεῖν, ἵνα ⌜πολλὰ παθὼν ἐν⌝ ἐκείνοις κ.τ.λ.

Cod. Ven. τὰ τοιαῦτα ἀπο-τέλεσθαι.

Cod. Ven. omits, leaving space (15).

Cod. Ven. omits, leaving space (10).

The words between the signs ⌜ ⌝ are in each case damaged in *Cod. Monac.*

Bk. XII. c. 24, Lomm. p. 170, φέρε εἰπεῖν τὰ βασιλίδου ἤ, damaged in *Cod. Monac. Cod. Ven.* omits βασιλίδου, leaving a space (7). And for ἤ it reads καὶ.

Thus there can be no doubt that the Venice MS. is derived from that at Munich. On this MS. therefore we are entirely dependent for the text of the Commentaries on S. John. Unfortunately its present condition at the bottom and top of several leaves is such that the lacunae in these places cannot for the most part be filled up; though in some cases hints as to length and individual words can be obtained, which may serve as useful guides for conjectural restoration. The Venice Codex is our best authority for this group of the MSS. of the Comm. in Matt. in the places where *Cod. Monacensis* is now defective, as the other direct copies of this MS. have apparently been made since its mutilation. The alterations introduced by the scribe of *Cod. Ven.* frequently deserve consideration, and are not seldom obviously right.

The marginal notes on blasphemy suggest the possibility of the suppression of some passages on account of the doctrine contained in them. But all the lacunae—and there are several in *Cod. Monac.* due to its original, besides those due to the damage done to the MS. itself—cannot be explained by this hypothesis: of this Bk. XIII. c. 32 will serve as an example. But while much must be given up as no longer recoverable, a good deal of light may be thrown on the text of many passages in the Commentaries by the use of *Cod. Monac.* With a view to further work on them I made a collation in September 1889 of the Commentaries on S. John.

Huet knew of the Manuscript, but does not seem to have used it. He occasionally agrees with it against the Paris MS. on which his text was based, but such readings are probably emendations of his own, or were suggested by the versions. Through the version of Ferrarius he became acquainted with a text like that of the Venice MS.

Delarue's wider knowledge—whether he had examined any MSS. himself I cannot discover—is marred by inaccuracy of statement as to the readings contained in MSS. In particular he seems to have taken it for granted that any reading adopted by Huet in his text was necessarily that contained in the Paris Codex. The undue influence of this Codex, which it has exercised owing to its relation to Huet's text, must be set aside. But when all has been done that is possible by the ordinary methods of textual criticism, a large sphere will remain in which conjectural emendation alone can be of any avail.

The notes of Th. Mangey preserved in the British Museum (MSS. Add. 6428) do not contain fresh material. Those on the Commentaries on S. John appear to be a partial collation of Huet's text with something of the type of *Cod. Venetus*, not the

Bodleian MS. which is at times mentioned separately. Possibly he was working with the *Codex Barberinus* of that type. But whatever his source was, it contains nothing helpful which is not otherwise known.

It may be worth while to bring together here some examples from *Cod. Monac.* of important New Testament Readings of an ancient type, which have been subsequently brought into conformity with the ordinary Syrian text, either by its correctors or in its descendants. These will be sufficient to shew that it may throw some further light on the problem of the text of the New Testament used by Origen, while they will serve to illustrate the manner in which the text of quotations from the New Testament has been handled in the MSS. of the Fathers.

In the following list of some pre-Syrian readings supported by *Cod. Monac.* I have added in a few cases interesting readings from the other MSS. In these cases the MS. authority is added in brackets.

Lomm. I.

p. 177.	Jn. i. 15.	ὁ εἰπών. See Tisch. (Or.$^{4\cdot 102}$)
	Jn. i. 18.	μονογενὴς θεός. (See above, p. 8.)
		ὁ ὤν om. Heracleon (?)
210.	Jn. i. 24.	ἀπεσταλμένοι. See Tisch. (Or.$^{4\cdot 123}$)
211.	Mt. iii. 10.	ἤδη δὲ καὶ (Ven.)
214 f.	Mk. i. 2.	om. ἔμπροσθέν σου. See Tisch. (Or.$^{4\cdot 125}$)
222.	Jn. i. 26.	ἕστηκεν
	Jn. i. 27.	αὐτός ἐστιν ὁ om.
		(but in Or. vi. 23 Mon. ins. ὁ). See Tisch. (Or.$^{4\cdot 130}$)
234.	Jn. i. 26.	στήκει (Heracleon)
		εἱστήκει (Bodl. Ven. Cf. Eusebius)
[292.	Mk. i. 27.	ἐθαμβήθησαν. See Tisch. (Or.$^{4\cdot 170}$)]
[293.	Luke iv. 40.	ἐθεράπευεν (Paris. Ven. Monac.)
		ἐθεράπευσεν (Bodl.)]

Lomm. II.

p. 5.	1 Cor. iv. 11.	γυμνιτεύομεν (Par. Bodl. Mon. Ven.)
9.	Jn. iv. 16.	σου τὸν ἄνδρα (Bodl. Ven.)
18.	Jn. iv. 14.	οὐ διψήσει (Ven.)
		οὐ μὴ διψήσει (Bodl.)
		οὐ μὴ διψήσῃ (Par. Mon.)
		See Tisch. (Or.$^{4\cdot 220}$)
57.	Jn. iv. 31.	ἐν τῷ μεταξὺ δὲ (Bodl. Ven.)
68.	Jn. xiv. 28.	ὁ πατὴρ ὁ πέμψας με
		om. ὁ πατήρ (Bodl. Ven.)

92.	Mt. xii. 42.	Σολομῶνος (Par. Mon.)
104.	Jn. iv. 42.	οὗτός ἐστιν ἀληθῶς (Bod. Ven.)
106.	1 Cor. ix. 1.	ἑόρακα (Par. Mon.)
109.	Jn. iv. 44.	αὐτὸς ὁ ισ sec. loc. (Ven. Bodl.)
	,,	,, tert. loc. (Bod. Mon.)
110.	,,	,, (Ven. Bodl.)
114.	Jn. ii. 15.	ἀνέστρεψεν (Par. Mon.)
		See Tisch. (Or.$^{4.270\,ed.}$)
115.	Jn. ii. 16.	μὴ ποιῆτε (Par. and ?Mon.)
	Jn. ii. 23.	ἐν τῇ ἑορτῇ ἐν τῷ πάσχα (Bodl.)
		ἐν τῇ ἑορτῇ τοῦ πάσχα (Ven.)
123.	Mt. x. 28.	ψυχὴν καὶ σῶμα (Monac. Ven.)
130.	Mt. viii. 8.	ὁ παῖς μου om. (Par. Mon.)
248.	Mt. v. 28.	ὃς ἂν ἐμβλέψῃ (Mon.)
264.	Jn. viii. 44.	οὐκ ἔστηκεν (Par. Mon.)

N.B. It will be seen that in the above list I have given some examples of readings not pre-Syrian. These are cases of attestation where further examination of the Manuscripts of Origen has corrected or supplemented Delarue's information, on which of course Tischendorf depended. The references to Tischendorf are to his critical digest *in locc.* His references to Origen (e.g. Or$^{4.220}$) refer to the volume and page in Delarue's edition.

It only remains to say a few words about Catenae on S. John. At Munich there are two fragments attributed to Origen in a Catena of the xith century (Gr. 437). At Rome there are several in the Catenae *Vat.* 1423, *Regin.* 9. The larger fragment in the Munich Catena occurred also with considerable variations in *Regin.* 9. I was unable at Rome to do more than glance at these fragments. The fragments pointed to the same conclusions as may be drawn from an examination of those published by Corderius from an Antwerp MS. Most of them at any rate might have come from Origen's pen, so far as opinions are concerned. But in the comparatively few instances where they cover common ground with the extant Commentaries, the text and even the contents are either wholly different or widely divergent. Some of them have the appearance of being taken from Homilies, others from ἐπισημειώσεις. The nearest agreement with the extant Commentaries was in the case of two fragments in *Regin.* 9, where the text of Orig. *Comm. in Joann.* XXXII. 11 σημειώσῃ δὲ τίνα τρόπον—σημαινομένῳ and 13 ἐπεὶ οὖν—ψεκτόν (Lomm. p. 435 and p. 449) occurred almost exactly, but in each case the rest of the fragment was different from the text of the Commentaries. Nor was the result of a closer examination of two Catenae, XXVII (saec. X.) and XXVIII (saec. XI.), at Venice different. Of these the former contains more matter, though occasionally the fragments in the latter have pieces omitted in *Cod.* XXVII. On the whole, however, *Cod.* XXVIII. is much more curtailed. The greater part of what is contained in Corderius is in *Cod.* XXVII.; sometimes he gives the fullest text, and sometimes the Venice MS. is fuller. There is also a good deal at Venice which is not found in his edition. There is, I think, a close connexion between *Ven.* XXVII. and *Regin.* 9 at Rome, but I did not bring away enough information from Rome to determine this. I was able at Venice to copy all the fragments attributed to Origen in the Catena on S. John in *Cod.* XXVII. Much more must be done elsewhere before they can be made serviceable, but there is promise of considerable addition to the published writings of Origen from this Catena alone, though the critic's knife is not unneeded.

The textual results are the same as might be gathered from the MSS. at Munich and Rome. The sense of lost parts of the Commentaries may be recovered, but not much of the actual text. This of course was to be expected. I can only conclude with the hope that I may be able to bring to light some of this buried matter if I am allowed to continue working at the text of Origen's Commentaries on S. John.

As I intend to quote in the *apparatus criticus* readings from the Munich MS. only, I subjoin a full collation of the first 30 pages of Tom. XIII. of the Commentaries on S. John, in the edition of Lommatzsch, with *Codd. Monacenis* (M), *Venetus* (V), *Regius* (P), and *Bodleianus* (B). The quotations of differences of accent or breathing, of obvious itacistic blunders and ν ἐφελκυστικά are not exhaustive, but I have endeavoured to make the collation of *Cod. Monac.* as complete as I could. The readings marked by (†) are readings of the Bodleian, where it differs from Huet, which Bentley has not noticed in the margin of the copy in Trinity College Library. In a few cases, where I knew them, I have given the readings of the Barberini Codices under the symbols R_1 (= V) and R_2 (= VI). The left column gives the text of Lommatzsch.

THE MSS. OF ORIGEN'S COMMENTARIES ON S. JOHN. 21

P. 1, Title τό   τὸν M
l. 1 ἂν ἔδοξε   ἀνέδειξε P ἀνέδοξεν M
1 φιλοθεώτατε   φιλοθεότατε V
4 τρισκαιδεκάτῳ   τρεισκαιδεκάτω M
10 τρισκαιδεκάτου   τρεισκαιδεκάτου M
P. 2, l. 1 ἡμῶν   om. VB
9, 10 ἐπὶ τό   ἐπὶ τῷ P
10 τὸ ζῶν   ζῶν P
10 ἐπί   ἐπεὶ P
11 οὐδέν   om. MP
11 ἀλλ'   ἀλλὰ MV
15 ἐστι   ἐστίν M
18 ὡς αὐτός   ὁ σαυτὸς MP
P. 3, l. 4 αἰτῆσαι   αἴτησαι M
9 βαθέως   † βαθεος MVB βαθεως P
11 ἐκ τοῦ   bis V
12 Ἔστι   ἐστὶν M
13 διψῆν   δειψῆν MP
14 ἕν   ἕνα M
15 τοῦ   τούτου MP
16 ἐπιλιπόντος   ἐπιλείποντος MP
16 καθ' ὅ   καθὸ VB
18 διψῆν   δειψῆν MP
18 γε   † om. VB
21 διεγόγγυζε   διεγόγγυζεν M
P. 4, l. 3 λεβήτων   λεβητῶν M λευιτῶν P
3 ἠσθίομεν   † ἠσθίωμεν VB
4 ἐξηγάγετε   † ἐξηγάγεται B
5 ἀποκτεῖναι   καὶ ἀπέκτεινε VB ἀπέκτεινα M
6 Εἶπε   εἶπεν MP
6 ὑμῖν   ὑμεῖν M
9 εἰ   ἡ MP
9 πεινώντων   † πεινόντων B
11 γογγυσμὸν ἐποίουν οἱ λόγοι   ἐπὶ οἱ λόγοι MP
12 Μωϋσέως   Μωυσῆ M
13 πιόμεθα   † πιώμεθα B πιωμεθα V
13 ante ὅτε   † ins. λέγοντες VB
13 ἐβόησε   ἐβόησεν MP
13 Μωυσῆς   Μωσῆς MVB

		16 Ραφιδεῖν	† ῥαφιδὴν VB
		18 παρά	περὶ M
P. 5,	l.	1 διψῶμεν	δειψῶμεν M
		1 γυμνητεύομεν	† γυμνιτεύομεν MVPB
		2 post πρῶτον	ins. τὸ VB
		2 διψῆν	δείψην M διψῆν P
		2 γίνεται	γείνεται M
		3 ὑγιαίνουσι σώμασι	ὑγιαίνουσιν σώμασιν M
		3 πενομένοις	παινομένοις MP
		4 ζητητέον	ζητηταῖον MP
		4 πίνων	πείνων M
		5 διψήσει	δειψήσει M
		7 εἰ	ἢ MVPB : B mg. ἴσως εἰ
		7 καὶ τάχα	B mg. και σαφα
		10 τουτέστι	τοῦτέστιν M
		10 διψήσει	δειψήσει M
		10 ὅμοιον	ὁμοίαν MVB
		11 post οὖν	† ins. τὸ MVB
		12 πηγὴ	πηγῇ M
		16 φησὶ βάθους	οὐ φησι βάθος MP
		17 ἀνιμώμενα	ἀνειμώμενα M ἀνειμόμενα P
		18 τὰ	† om. VBP
		19 post ὅσοις	lac. (3) MP
P. 6,	l.	1 post ἐπανεπαύσατο	lac. (6) M (4) PB (7) V
		1 ταρανὴν	τέραν ἥν VR₁B: B mg. τάχα ἀπορίαν ἑτέραν
		1 ἐκτυπῶν	ἔκτυπον MR₂P
		4 συγκαθῆται	† συνκαταθῆται MVP
			συγκαταθῆται B
		6 ἦν παρεῖχεν	ἦν περιεῖχεν MP
			† ἥνπερ καὶ εἶχε VB
		8 πόματος	πώματος V
		11 ἀναβλυσθάνειν	ἀναβλύζειν VB
		11 ἄνω πηδώντων	ἀναπηδώντων VB
P. 7,	l.	1 διιπταμένης	διειπταμένης M
		2 εὐκινήτῳ	εὐκινείτω P
		2 post εὐκινήτῳ	lac. (10) VBR₁ : null. lac. MP
		3 φέροντος	φέροντι MP
		4 post οἶον	lac. (10) MR₂P (12) V
			null. lac. B

THE MSS. OF ORIGEN'S COMMENTARIES ON S. JOHN. 23

		7 ὁ	om. MP
		10 ἐπὶ	ἐπεὶ M
		11 διάλλεται	διάλληται P
		11 ὀνομαζομένας	ὀνομαζομένους MP
		13 ἄλλεται	ἄλλετη P
		16 ad fin. cap. 3	V in mg. ὅρα ὁ ἀναγινώσκων
			P in mg. ὅρα ὁ ἀναγο...βλασφημίαν Τικρισ
			M in mg. ὅρα ὁ ἀναγινώσκων βλασφημίαν τικρὺς
P. 8,	l.	3 post φησὶν	ins. ὁ MP
		5 post ἐπεὶ	† ins. τὸ VB
		5 πεινῆσαι	πεινήσαι M
		5 διψῆσαι	διψήσαι M
		6 τὴν δικαιοσύνην, χορτασθῆναι ἐστὶν, εἴ τις	δέ τις εἰ MR₂: om. omnino P
		7 ποιήσειεν	om. MP
		8 ἐμποιητέον	ἐνποιητέον M
		post πεινῆν καὶ	ins. τὸ V
		εἴπωμεν	εἴπομεν P
		12 τὸ πρόσωπον	τὸ προσώπω P † τῶ προσώπω MVB
		13 ἔστι	ἐστὶν M
		14 λέγοντα	† λέγοντες VB
		15 Σαμαρείτιδι	Σαμαρείτι M
P. 9,	l.	3 τι	om. P
		4 ἐκ	ἀπὸ VB
		5 οὔτ' ἂν	ὅτἂν MP
		6 πιεῖν	ποιεῖν M
		6 παρατηρητέον	παρατηρηταίον M
		7 οἱονεὶ	οἷον εἰ MP
		8 ἐπαγγέλλετο	ἐπηγγέλλετο VB
		8 post παρέξειν	† ins. αὐτῇ VB
		8 ἐν	γὰρ MP
		9, 10 τὸν ἄνδρα σου	σου τὸν ἄνδρα VB
		11 ἐπιστήσωμεν	ἐπιστήσομεν MP
		15 τὸν	τῶν P
		15 διψῆν	διψῶν P
		17 ἴσχειν	ἴσχει MVP: B mg. τάχα ἔχειν
		17 ἁλλομένου	ἁλλομένου M
		20 οὖν	μὲν VB

24 THE FRAGMENTS OF HERACLEON.

	20 ἤθη	† ἔθη VBR₁: B mg. τάχα θεῖα
P. 10, l.	1 ἤ	† ἤδε B ἤ δε V
	1 ἔστι	ἐστὶν M
	3 τὸν κόσμον	om. P
	4 ἑπτά	ζ´ MP
	5 post γράφειν	ins. ὁ V
	7 ἦν	ἦ MP ἦ ἔξον VB
	9 Ἀ	B mg. τάχα εἰ
	10 φησὶν	om. VB
	11 ἐλαχίστας	† B mg. τάχα ἐλάχιστα
	12 f. νοηθῶσιν	† νͦωηθῶσιν B
	14 ἐπιέ	ἔπιεν MV
	15 ἔχουσι	ἔχουσιν M
	16 πεπώκασι	πεπώκασιν M πεπόκασι V
	18 πᾶσι	πᾶσιν M
	20 ἀκούων	ἀκούω P
	20 χαλεπώτερα	χαλαιπώτερά MP
P. 11, l.	1 τά	† τὸ MVPB
	9 λελαλήκασι	λελαλήκασιν M
	10 οὕς	οὕς M
	12 ἔστι	ἔστιν M
	19 τ᾽	τε MV
	20 λαλεῖν	καλεῖν MP
	21 φθάνοντας	† φθάνοντα VB
	22 διδακτά	† διδακτικά VB
	22 ante πνεύματος	† ins. τοῦ MVB
	22 ἀλλομένου	ἀλλομένου M
P. 12, l.	1 πηγῆς	πηγὴν VB
	4, 5 ἐξ αὐτῆς	† om. VB
	6 Σαμαρεῖτις	Σαμαρείτις M
	7 ἔπινε	ἔπινεν M
	10, 11 Σαμαρεῖτις	Σαμαρείτις M
	13 ἀκερέστεροι	† ἀκαιρέστεροι VB
	14 τά	om. VB
	17 Σαμαρεῖτις	Σαμαρείτις M
	17 ἔπινε	ἔπινεν MVB
	19 διέρχωμαι	ἔρχωμαι VB
	21 Σαμαρεῖτις	Σαμαρείτις M
	22 ἐστί	ἐστὶν M
	23 ἐπιποθεῖ	ἔτι αἰτεῖ B mg.

THE MSS. OF ORIGEN'S COMMENTARIES ON S. JOHN.   25

P. 13, l.   23 ζῶν   om. B ·
           1 αὐτῆς   αὐτῇ MVBP
           1 ante νῦν   ins. καὶ VB (V intra lin.)
           3 ἀλλομένου   ἀλλομένου M
           4 σὶ   σοὶ MP
           5 δῆλον ὅτι   δηλονότι V
           6 ἔλαβε   ἔλαβεν M
           9 δυνηθῇ   δυνηθῆναι MP
        11, 12 ἀλλομένου   ἀλλομένου M
           13 ἀπὸ   ἀπ' V
           15 ὑπὸ   ἐκ VB
           16 περὶ τοῦ   περὶ τὸ MR$_2$: παρὰ τὸ VR$_1$
                                       παρὰ τοῦ B
           17 ὡς τὸν   ὡς ὁ αἰτῶν VB (sed in V σ ὁ αἰ
                                       seriori, ut videtur, manu sunt
                                       scripta) ὦ ἐτὸν MR$_2$
P. 14, l.   1 ἐνδεινὰ τοῖς   † ἐν δυνατοῖς VR$_1$B: ἐνδεῖνα τοῖς M
           1, 2 ἐγγεγυμνασμένοις   ἐνγεγυμνασμένοις M
           7 ante τοῦ   ins. τὸ VB
           9 λέγοντος   λέγοντες MVPB: B mg. λέγοντος
          10 γινώσκουσι   γινώσκουσιν M
P. 15, l.   1 Εἶτ' εὐθέως   εἰτευθέσεως MP
           2 ἔλεγε   ἔλεγεν M
           5 οἰονεὶ   † οἷον ᾗ BV οἷον εἰ M
         10, 12 ἀπέθανε—ἀνδρὶ ἑτέρῳ   om. VB
          14 πως   πῶς MVB
          19 Σαμαρεῖτις   Σαμαρείτις M
          21 καθ' ὅν   καθὸν
          22 καὶ   om. MP
          23 παρατεθεῖσαν   † παρατιθεῖσαν MVB
          24 διελεγχθῆναι   διελεχθῆναι P
P. 16, l. 2, 3 ἀλλ' ἀϊδίῳ μενοῦντι   ἀλλὰ ἰδίῳ μὲν οὖν τι MP
           5 ὅ   † ᾧ B
           6 ἀπέθανε   ἀπέθανεν M
           6 ὅ   † ᾧ B
          11 ἤρνητο   † ἠρνεῖτο VB
          16 ἔδωκε   ἔδωκεν M
P. 17, l.   1 οἶμαι   οἶναι M εἶναι P (sed ser. man.
                                       οἶναι)
           3 ante τοὺς   ins. πρός VB: B mg. τάχα πρώτους

	4 καθεκάστην	καθ' ἑκαστὴν M
	5 ἔχειν	ἴσχειν MVPB
	5 ὡμιληκέναι	ὠμειληκέναι M
	7 καὶ πνευματικῶν	† πνευματικῶ VB
	10 πέντε	ē MP
	11 ἕως ἄν γε	ὥς γε MP
	15 ὅτι	om. V
	18 ὑπ' αὐτῆς εἰρημένων	εἰρημένων ὑπ' αὐτῆς VB
	25 ἔπιε	ἔπιεν M
P. 18, l.	1 πεπωκέναι	† πεποκέναι VB
	5 ἄτονον	ἄτονος P
	8 post τοῦ	† ins. τὰ MVB
	9 πεπωκέναι	πεποκέναι VB
	10 ἐλάμβανε	ἐλάμβανεν MV
	14, 15 ἐνεκαλέσαμεν	† ἐνενεκαλέσαμεν VB
	18 μή	om. V
	18 διψήσει	διψήσῃ MP
	22 ἤ	om. VB
	24, 5 διδοὺς εἶναι ζωὴν	εἶναι διδοὺς ζωὴν B: ζωὴν εἶναι διδοὺς V
	25 ἔλεγε	ἔλεγεν M
	26 περιαιρέσει	† περιαιρήσει VB
	26 γινομένην	γενομένη P: γινομένη MVB
P. 19, l.	1 ἔχειν	ἔχει M
	1 ἐκεῖνα	ἐκείνων VB: ἐκείνα M
	6 Σαμαρεῖτιν	Σαμαρείτιν M
	6 ἀνενδειξαμένην	ἂν ἐνδειξαμένην VB
	9 αἰνιττόμενος	ἐνιττόμενος M
	11 τῆς	† om. B
	12 πᾶσι	πᾶσιν M
	16 ἐμίσησε	ἐμίσησεν M
	17 Ἰακὼβ φρέατος	ζῶντος ὕδατος MP
	18 διψῶ	δείψω M
	18 μηδὲ	μὴ δὲ VB
	18 διέρχωμαι	διέρχομαι P
P. 20, l.	1 τὰ	τὸ MVPB
	3 τὸν ἄνδρα σου	σου τὸν ἄνδρα B
	6 κομίσεσθαι	κομίσασθαι MP
	8 αὐτῆς	αὐτῆς V
	9 ἔλεγεν αὐτῇ	om. VB

THE MSS. OF ORIGEN'S COMMENTARIES ON S. JOHN. 27

	10 εἶχε	εἶχεν M
	14 φωνητέον	φωνηταῖον MP
	21 ἔχεις	† ἔχω VB
	22 Σαμαρεῖτις	Σαμαρείτις M
	23 ἄνδρας	† γὰρ VB
	24 Ἡρακλέωνι	Ἡρακλέων P
	26 ᾖ	ἦ M
P. 21, l.	1 ἐπλησίαζεν	ἐπλησίαζε VB
	4 ante πνευματικὴ	ins. ἡ MVB
	8 μυθοποιίας	μυθοποιείας MP
	9, 10 καὶ ἀγαθὸν...καρποὺς	om. MVR$_1$R$_2$PB
	10 Σαμαρεῖτις	Σαμαρείτης M
	13 ἐπόρνευσε	ἐπόρνευσεν MVB
	14, 5 προφήτης	προφῆτις P
	16 λέγετε	λέγεται P
	16 ἐστὶν	ἔσται MP
	17, 8 Σαμαρεῖτις	Σαμαρείτις M
	23 διελεγχθέντων	διελεγχθεντ MR$_2$ (hic laesus est Codex Monac.)
	23 αὐτῆς	αὐτοῖς VBR$_1$: om. αὐτῆς R$_2$ (lac. relicta)
P. 22, l.	1 καταληφθέντος	καταλειφθέντος PB: καταλειφθέντας MV
	3 ἰδεῖν προφήτην εἶναι	προφήτην εἶναι ἰδεῖν VB
	5 τοσοῦτον	τόσον VB
	7 εἰς τοῦτο	εἰς τὸ τὸ MVPB
	12 Μωσῆς	Μωυσῆς VB
	16 Ἰσάχαρ	Ἰσσαχαρ M
	16 Βενιαμείν	Βενϊαμην V
	17 Γαιβὰλ	γεβὰλ VB
	17 Ῥουβὴν	ῥουβὶμ VB
P. 23, l.	1 Σιὼν	Σειὼν MP
	4 ᾠκοδομῆσθαι	ᾠκοδομεῖσθαι VB
	4 Σολομῶντος	Σολομῶνος MVB
	5 λέγουσι	λέγουσιν M
	7 νενόμικε	νενόμικεν M
	7 post τῷδε	ins. ἢ τῷδε PM τῷ VB
	9 συγκατέβαινον	συνκατέβαιναν M
	11 Σαμαρεὺς	Σαμαρεὶς P
	13 τούτῳ	τοῦτο P

	14 λέγετε	λέγεται MP
	21 διατομῆς	διανομῆς VB
	23 τοῦ	om. VB
	23, 4 δικασμὸς	δεκασμὸς VB: B mg. διχασμὸς
	24 Σιών	Σειών P Σειων M
	25 ἐπαπορήσειν	ἐπαπόρησιν M
P. 24, l. 3, 4 τὸ μὲν τῆς	τὸ μὲν (sic) P: P mg. τῆς (τῆς above)
	11 προσκυνήσουσι	προσκυνήσουσιν MP
	12 Σιών	Σειών M
	13 ἐστι	ἐστὶν M
	13 ἅπερ	ἅπερ M
	14 post ὑπό	om. τοῦ VB
	16 ἤ ἤ	ἤ ἤ M
	17 ἐνθάδε ἱεράτευμα	ἔνθα ἱεράτευμα VB: ἐνθαδεράτευμα M
	18 προσφέρονται	προσάγονται VB
	19 νόμον;	νόμον MVP
	21 ante ἀληθινὴν	ins. τὴν MVPB
	26 ἔρχεται	ἔρχεσθαι P
	27 ἐστί	ἐστὶν M
	29 ἐστί	ἐστὶν M
	29 οἶμαι	οἶμαι M
P. 25, l. 3, 4 προκοπὴν	προσκόπτειν MP
	7 φθάνοντας	φθάνοντα P
	7, 8 νομιζόμεθα	νομιζώμεθα M
	8 γοῦν	οὖν VB
	10 προσκυνήσετε	προσκυνήσεται P
	13, 4 Σαμαρεῖτις	Σαμαρείτις M
	14 φησί	φησὶν M
	16 ἔπιε	ἔπιεν M
	17 τό	om. VB
	20 Σαμαρεῖτιν	Σαμαρείτιν
	21 αὐτὴν	αὐτὴν MVP
	25 κἂν προφητεύομεν	κἂν προφητεύωμεν MVB
	26 γινώσκομεν	γινώσκωμεν MVB
	26 μετὰ δὲ ταῦτα	μετὰ ταῦτα δὲ VB
P. 26, l. 1 αὐτῆς φύσει	αὐτῆς φαύσει MP: αὐτῆς φύσει V
	5 δι' ἄγνοιαν	διάνοιαν P: δι' εὔνοιαν B B mg. δι' ἄγνοιαν
	7 ἐν	ἐκ M

THE MSS. OF ORIGEN'S COMMENTARIES ON S. JOHN. 29

	12 ἔοικε	ἔοικεν M
	14 προστίθησι	προστίθησιν M
	14 περὶ	τὲ BV τ̀ε M
	15 post τίνι	ins. τρόπῳ VB
	17 τὰ	τὸ MVPB
	18 εὐέλεγκτα	ευελεγκατα M
	19 *	nul. lac. MP: ins. δῆλον VB
	19 ἀπαλλαγείη	ἀπαλλαγεῖ ἡ M
	23 προσκυνήσετε	προσκυνήσεται P
	23 ἔδοξε	ἔδοξεν M
P. 27, l. 3, 4	ἐπεθόλωσε	ἐπεθόλωσεν M
	4 ὄρος	ὄρος M
	6 ἕν	ἐν M: ἦν P
	7 ὄρος	ἔρος M
	8 ᾧ	ὡς P
	9 Ἱεροσόλυμα	Ἱεροσόλυμα bis P
	10 ᾧ	om. P
	10 ὄρος	ὄρος M
	11 οἱ	om. M
	12 ᾧ	om. M
	12 οἱ	om. VB
	14 προσκυνήσετε	προσκυνήσεται P
	15 συμπαραλαμβάνει	συνπαραλαμβάνει M
	16 ἤδη	ἤδει VB
	19, 20 ὑπολαμβάνομεν	ὑπολαμβανόμενον MVPB
	21 δὲ	δημιουργὸν P sed ser. man. in δὲ correctum est
	23 θεωρητικώτερον	θεωρητηκώτερον B
	23 post σαφέστερον	ins. καὶ θειότερον MVB
P. 28, l. 3, 4	προσκυνοῦσι	προσκυνοῦσιν M
	4 κρειττόνως	κρεῖττον ὡς MVB
	6 ἰσάγγελοι	εἰσάγγελοι MP
	8 συμπεριφέρονται	συμπεριφέρωνται VB: συνπεριφέρονται M
	9 τοῖς	om. VB
	10 κερδήσωσιν	κερδήσουσιν MP
	10, 11 νοείσθω	νοῆσθαι P
	11 προσαποδεδώκαμεν	προαποδεδώκαμεν M
	15, 6 προσκυνήσετε	προσκυνῆσαι MP
	20 ἐστί	ἐστὶν M

	22 ῥητῶ	ὄρει VB: ὁ ῥητῶ P sed ser. man. deletur ὁ
P. 29, l.	3 κυρίου	χοῦ MP
	4 ἀκολουθίαν	ἀκολουθείαν M
	6 Ἰουδαῖοι	οἱ Ἰουδαῖοι MB
	6 ἐστι	ἐστὶν V
	7 Σαμαρεῖτιν	Σαμαρείτιν M
	7, 8 Σαμαρεῖτιν	Σαμαρείτιν M : Σαμαρείτην V
	9 προσκυνοῦσι	προσκυνοῦσιν MVB
	10 οὐ	καὶ MP
	13 post πολὺ δὲ	ins. κάλλιον VB
	16 post αὐτὰ	ins. καὶ B
	17 μικτὸν	μεικτὸν M
P. 30, l.	2 καθ' Ἕλληνας	καθελὴν ἃς M : καθελεῖν ἃς P : καθ' ἕληνας V
	5 μόνοι οἰόμενοι	μόνοις ἰόμενοι MP
	6 ἀγγέλοις	ἀγγέλλοις M
	10 δὲ	δεῖ M
	12 ἔστρεψε	ἔστρεψεν M
	13 post οἶδα	ins. δὲ MVPB

THE LIFE AND TEACHING OF HERACLEON.

OF the personal history of Heracleon hardly anything is known. Clement of Alexandria, quoting his comment on a passage of S. Luke, calls him the most famous of the Valentinian School[1]. Origen prefaces his first citation from Heracleon's Commentary on the Gospel of S. John with the information that he was said to have been a pupil (or, perhaps, an acquaintance) of Valentinus[2]. He is mentioned once by Irenaeus in conjunction with Ptolemaeus, and possibly with Valentinus, who is at any rate mentioned several times by name shortly before, as the chief

---

[1] Clem. Alex. *Strom.* IV. 9, p. 595 (ed. Potter), ὁ τῆς Οὐαλεντίνου σχολῆς δοκιμώτατος.

[2] Origen, *Comm. in Joann.* II. 8, τὸν Οὐαλεντίνου λεγόμενον εἶναι γνώριμον. It seems probable that Origen here uses the word γνώριμος in the sense of 'pupil,' a meaning which it often bears. Cf. Clem. Alex. *Strom.* v. 11, τοῦτο ἄρα βούλεται καὶ τῷ Πυθαγόρᾳ ἡ πενταετίας σιωπὴ ἦν τοῖς γνωρίμοις παρεγγυᾷ, and *Ibid.* II. 4. Hippolytus, *Refutatio*, I. 13, Δημόκριτος δὲ Λευκίππου γίνεται γνώριμος. Justin Martyr, *Apol.* I. 32, ὃν (sc. πῶλον) ἐκέλευσεν ἀγαγεῖν αὐτῷ τότε τοὺς γνωρίμους αὐτοῦ. Joseph. *B. J.* IV. 8. 3, ὑπὸ 'Ελισσαίου τοῦ προφήτου· γνώριμος δὲ ἦν οὗτος 'Ηλία καὶ διάδοχος. Philo I. 201. 6 (ed. Mangey), ὁπότε γὰρ πατὴρ υἱὸν τύπτει σωφρονίζων ἢ διδάσκαλος γνώριμον, and I. 208. 4. Plutarch, 2. 448 E (Francofurt. 1620), ἀντὶ γνωρίμων καὶ μαθητῶν ἐρασταὶ καλούμενοι καὶ ὄντες (of the gradual growth of the pupil's affection for his master). Cf. also Strabo 1. 1. 11. Philostratus 529 (2. 41. 9 ed. Teubner), 578 (2. 84. 13), and 583 (2. 88. 4), and Suidas *sub voce*. The growth of the meaning may be traced in such passages as Xen. *Mem.* 2. 3. 1, ἀδελφὼ μὲν ἀλλήλοιν, ἑαυτῷ (sc. Σωκράτει) δὲ γνωρίμω.

At the same time the word would hardly be used of one who had joined a school after the death of the Master. Its use is not compatible with any great difference of date between Valentinus and his pupil.

exponent of the opinions under discussion[1]. Tertullian also refers to him once as having developed the Valentinian teaching on the lines suggested by Ptolemaeus[2]. The author of the *Refutatio*[3] mentions him and Ptolemaeus as the chief exponents of the Italic school of Valentinianism. In the preface at the beginning of the sixth book he is placed after Ptolemaeus. Theodoret[4] mentions him after Secundus, in quite general terms, with Cossianus, Theodotus, Ptolemaeus, Marcus. He is also once referred to by Photius[5].

Praedestinatus[6] is certainly wrong in telling a story of him which connects his name with the Roman episcopate of Alexander (c. 110 A.D.). 'Hic in partibus Siciliae inchoauit docere: contra hunc susceperunt episcopi Siculorum, Eustachius Lilybaeorum et Panormeorum Theodorus, quique omnium per Siciliam erant episcoporum synodum exorantes gestis eum audire decreuerunt et uniuersas adsertiones eius dirigentes ad sanctum Alexandrum urbis episcopum rogauerunt, ut ad eum confutandum aliquid ordinaret. Tunc sanctus Alexander ad singula quaeque capita hydri singulos gladios dei uerbi de uagina diuinae legis eiciens librum contra Heracleonem ordinans, feruentissimum ingenio Sabinianum presbyterum destinauit, qui et scriptis episcopi et adsertione sua ita eum confutaret, ut nocte media nauis praesidio fugeret, et ultra ubinam deuenisset penitus nullus sciret.' The date is impossible, and the heretical views on baptism attributed to him in the same account (nihil obesse baptizatis peccata memorabat) have no greater claims to be accepted as part of his teaching.

That he had a school of followers we know from Praedestinatus, 'Sextadecima haeresis Heracleonitarum ab Heracleone adinuenta

---

[1] Irenaeus II. 4. 1, Honorificentius reliquis aeonibus ipsius (?) Ptolemaei et Heracleonis et reliquis omnibus qui eadem opinantur.

[2] Tertullian, *adv. Valentinianos* c. 4, Deduxit et Heracleon inde tramites quosdam et Secundus et magus Marcus.

[3] Hippolytus, *Refutatio Omn. Haeres.*, VI. 35.

[4] Theodoret, *Haeret. Compend.* I. 8, καὶ ἄλλοι δὲ μύριοι ἐντεῦθεν ἀνεφύησαν αἱρέσεως ἀρχηγοί, Κοσσιανὸς, Θεόδοτος, Ἡρακλέων, Πτολεμαῖος, Μάρκος, διάφορα προεπινοήσαντες δόγματα.

[5] Photius, *Ep.* 134 (ed. Ric. Montacutius).

[6] Praedestinatus, *Haer.* 16.

est': from Augustine[1] (c. 16) 'Heracleonitae ab Heracleone': from Epiphanius (*Haer.* XXXVI.) 'Ἡρακλέων καὶ οἱ ἀπ' αὐτοῦ Ἡρακλεωνῖται: and from Origen (passim), e.g. οἱ ἀπ' αὐτοῦ, οἴχεται αὐτοῖς τὰ τῆς μυθοποιίας, οἱ ἀπὸ τῆς γνώμης αὐτοῦ. The fact that a school of his disciples was in existence when Origen wrote his Commentaries on S. John (of which parts at any rate were written before A.D. 228[2]), does not necessitate any earlier date for Heracleon than the end of the second century. The exact meaning of Origen's description of him (*Comm. in Joann.* II. 8) is uncertain, but the phrase used (γνώριμος) would hardly be natural, unless Heracleon had been a prominent member of the school during the lifetime of Valentinus. And we cannot lay much stress on the fact that Origen admits that his account is only from hearsay (λεγόμενον). In the absence of more direct evidence we have no reason to distrust this tradition. On the other hand, stress has been laid on the probability that the heads of the Western or Italic School of Valentinians were contemporary, or nearly so, with those of the Anatolic School to whom they are opposed in the *Refutatio*. But as there is nothing to tell us how quickly the two schools respectively developed, or whether those who were regarded by a later age as most representative of them were those who stood at the head at the same time, such an argument is very precarious. The constant connexion of the names of Ptolemaeus and Heracleon, not always in the same order, is our only guide. As the order is never necessarily chronological, its variation does not prove that they were absolutely contemporary, but it certainly gives a high probability to the supposition that they were nearly so. All we know for certain is, that Heracleon's Commentary on S. John was in existence before 228, and that a comment of his on Luke xii. 8—11 was quoted by Clement as early as 193. Clement's silence as to the Commentaries on S. John affords no evidence of a later date than this for their composition. Lipsius points out the probability that Irenaeus had heard of him when he came to Rome about 176 or 177: and at any rate the school of Ptolemaeus was well

---

[1] Augustine, *De haeresibus liber*, c. 16 (ed. Migne, vol. VIII. p. 27).
[2] See the Article 'Origen' in *Dict. of Chr. Biogr.* vol. IV. p. 114.

established at that time[1]. We may perhaps go a little further. It may be reasonably assumed that the lectures of Irenaeus, on which, according to the most probable interpretation of Photius[2], the Compendium of Hippolytus was founded, were delivered not later than 177[3], and we know that in this Compendium the heresy of Heracleon was described. This can be gathered, almost with certainty, from the place assigned to him in the Minor Heresiologists. This evidence is independent of the disputed question of the date of the *Syntagma* of Hippolytus. Thus we have no evidence which necessitates an earlier date than 170 for the appearance of Heracleon as a Heresiarch, but on the other hand there is a considerable probability, if we allow to the expression of Origen the full force of its most natural interpretation, that the true date is somewhat earlier, and in closer proximity to the death of Valentinus. Heinrici[4] has made use of the reference to Heracleon in Clement's *Eclogae Propheticae*[5], which he regards as a very early work of the Alexandrine Father, to press the earlier date; but, if we take the more common view that these formed part of the lost books of the *Hypotyposes*[6], this argument has of course no weight.

The only other possibly available evidence is such as might be deduced from the character of the Valentinian doctrine dealt with in the *Refutatio*, supposing that we ought to regard this doctrine as Heracleonic. It is always allowed to be of a later type than that represented in Irenaeus, and thus its contents might possibly give us some clue to Heracleon's date; but with this question we are not yet in a position to deal. Suffice it to say here that the chronological difference need not be great, and that the *Refutatio*, if it has any connexion with Heracleon, represents in all probability a stage of Heracleonism more developed than the teaching of the Master himself. Here then we must leave, at any rate for the present, the question of Heracleon's date.

[1] Lipsius in Hilgenfeld's *Zeitschrift für Wissenschaftliche Theologie*, 1867, p. 81.
[2] Lightfoot, *Clement of Rome* (2nd ed.), vol. II. p. 414.
[3] *Ibid.* p. 423.
[4] *Die Valentinianische Gnosis und die Heilige Schrift*, p. 13.
[5] See Fragment 49.
[6] See *Dict. of Chr. Biogr.* vol. I. p. 564 'Clement.'

We know from Origen's direct statement, as well as from the fragments cited by him, that Heracleon was the author of ὑπομνήματα¹. These included Commentaries on at any rate large portions of the Gospel according to S. John, and probably also on that according to S. Luke. This follows from Clement's statement on Luke xii. 8—11, τοῦτον ἐξηγούμενος τὸν τόπον ὁ Ἡρακλέων, κ.τ.λ. Whether he also wrote on S. Matthew is uncertain². That he used it as authoritative follows from his citation³ of Matt. viii. 12, οἱ υἱοὶ τῆς βασιλείας ἐξελεύσονται (Text. Rec. ἐκβληθήσονται), to prove the destruction of the men of the Demiurge.

The place of Heracleon among the Valentinians is given differently by different heresiologists. Philaster and Pseudo-Tertullian place him next to Secundus; Epiphanius and Augustine after Colarbasus. We do not possess sufficient information, either in the fragments of his own writings which remain, or in the very scanty references of other writers, to clear away the obscurity which shrouds his system. The statement of Ps.-Tertullian, 'Qui cum Valentino paria sentit sed nouitate quadam pronuntiationis uult uideri alia sentire,' is perhaps unfair in its imputation, but it comes as near the truth as we can get. The information given by the Minor Heresiologists is but scanty.

PHILASTRIUS.	PS.-TERTULLIANUS.
Dicens principium esse unum quem dominum appellat, deinde de hoc natum aliud, deque his duobus generationem multorum adserit principiorum.	Introducit enim in primis illud fuisse quod...pronuntiat, et deinde ex illa monade duo ac deinde reliquos aeones. Deinde introducit totum Valentinum.

What word is to be supplied to fill up the lacuna in the account of Ps.-Tertullian, has been sufficiently discussed by others[4]. The phrase 'ex illa monade' just below certainly suggests that 'monadem' is the only natural reading. Thus we get Μονάς as the starting point of the Heracleonic system, according to the

---

[1] Origen, Comm. in Joann. VI. 8 ἐν οἷς καταλέλοιπεν ὑπομνήμασιν.
[2] See Fragment 51 (note).
[3] Origen, Comm. in Joann. XIII. 59.
[4] Cf. Lipsius, Quellenkritik des Epiphanios, p. 170.

Syntagma of Hippolytus, the almost certain source of the accounts which we are considering. And this agrees exactly with the account given by Hippolytus in the *Refutatio*, where the system described under the section devoted to Valentinus starts from a μονὰς ἀγέννητος, ἄφθαρτος κ.τ.λ. (see Hippolytus, *Ref. Omn. Haeres.* VI. 29). Combining this with the direct statements of Irenaeus (I. xi. 1) with regard to the tenets of Valentinus himself, we may regard it as most probable that, whereas Valentinus's system starts with an original Dyad, his more Pythagoreanising pupil Heracleon referred the origin of all things to an eternal Monad. Other more distinctly Pythagoreanising tendencies of Heracleon and his school will come under notice later on.

The next step is more obscure. The most natural explanation of the facts recorded by the Minor Heresiologists is that Heracleon spoke of his second principle indifferently as one, or as a Dyad, of which the two principles were not very clearly distinguished. It must correspond to the Valentinian Νοῦς and Ἀλήθεια: and very possibly he may have often referred to it as ἀλήθεια: compare the use in the Fragments of the term τῷ πατρὶ τῆς ἀληθείας. The exact agreement of this with the account given in the *Refutatio* must be noted. We need only quote vi. 29, προέβαλεν οὖν καὶ ἐγέννησεν αὐτὸς ὁ πατήρ, ὥσπερ ἦν μόνος, νοῦν καὶ ἀλήθειαν τουτέστι δυάδα. The next clause also agrees well enough with the rest of Ps.-Tertullian and Philaster: ἥτις κυρία καὶ ἀρχὴ γέγονε καὶ μήτηρ πάντων τῶν ἐντὸς πληρώματος καταριθμουμένων αἰώνων. This combines the 'deinde reliquos aeones' of Ps.-Tertullian, and Philaster's 'deque his duobus generationem multorum adserit principiorum.'

But here a digression is necessary. Harnack in an interesting note[1] has suggested that the 'alius clarus magister' of Irenaeus

[1] *Zur Quellenkritik der Geschichte des Gnosticismus*, p. 62 n. He further suggests that Tertullian, in his copy of Irenaeus, may have found Heracleon's name in this place (Irenaeus, I. xi. 3). But Lipsius (*Die Quellen der ältesten Ketzergeschichte*, p. 67 n.) has shewn that Tertullian reproduces this section of Irenaeus almost *verbatim*, subsequently to his mention of Heracleon, without connecting it with Heracleon's name (Tert. *adv. Valent.* c. 37). Harnack also sees in the words of Irenaeus II. 4. 1, 'honorificentius...reliquis aeonibus ipsius Ptolemaei et Heracleonis,' a hint that Ptolemaeus and Heracleon agreed in prefixing to the ordinary series of Valentinian Aeons, projected by the Father, a series of higher beings.

(I. xi. 3) should perhaps be identified with Heracleon. But it has been pointed out that exactly the same teaching, with regard to Μονότης, Ἑνότης, Μονὰς and Ἕν, is attributed to Marcus, with a reference apparently to this passage, by means of the words καθ' ἃ προείρηται (Irenaeus I. xv. 1)¹. We may also compare the words with which Marcus is introduced in c. xiii. 1 (the Greek is not available, as Epiphanius has here epitomised the words of Irenaeus); 'alius uero quidam ex iis, qui sunt apud eos, magistri emendatorem se esse glorians; Marcus est autem illi nomen.' We may therefore conclude that the section I. xi. 3 refers to Marcus and not to Heracleon. But Lipsius is inclined² to regard the description of Heracleon, which Hippolytus gives in the *Syntagma*, as based on this passage of Irenaeus. If this is right, it follows of course that the information to be found in the *Syntagma* about Heracleon is open to grave suspicion. But, in his article on Valentinus, Lipsius has shewn that Hippolytus cannot have derived his statements as to the pupils of Valentinus (Secundus, Ptolemaeus and Heracleon) from the account of Irenaeus (I. xi. xii.) alone, but must have used some other source as well, if indeed he used this passage at all: and that the particular doctrines assigned by Irenaeus to Secundus and Ptolemaeus, those of the τετρὰς δεξιὰ and ἀριστερὰ, and the two σύζυγοι respectively, are not so attributed by Hippolytus, while the distinction of the two Σοφίαι, assigned by Irenaeus to Secundus (I. xi. 2), is in Hippolytus assigned to them both. The connexion then is so very loose that, when we find that Hippolytus (see Ps.-Tertullian, quoted above) makes Heracleon's first principle to be Μονὰς, we need hardly assume that he derived this from Irenaeus I. xi. 3, where the first principle of the 'clarus magister'

But the 'ipsius' will hardly bear out this; and as no mention has been made in the chapter at all of Ptolemaeus, the 'ipsius' is in any case strange. It would refer much more naturally to Valentinus, who alone has been mentioned so far. Perhaps we should insert an 'et' after 'ipsius,' reading 'ipsius et Ptolemaei.'

[1] See Neander, *Genetische Entwickelung der gnostischen Systeme*, p. 169: with this must be compared Dr Salmon's article on 'Epiphanes,' *Dict. of Christ. Biogr.* vol. II.

[2] See his article on 'Irenaeus,' *Dict. of Christ. Biogr.* vol. III. p. 261. But we should also compare *Die Quellen der ält. Ketzergeschichte*, pp. 169, 170; and his article on 'Valentinus,' *Dict. of Christ. Biogr.* vol. IV. p. 1084.

is Μονότης. There would seem then to be no valid reason for rejecting the information afforded by Hippolytus on the ground of its derivation from this passage of Irenaeus, which refers to another teacher. Whence Philaster derived his statement that Heracleon called his first principle 'Dominum' is not known. It is quite possible that he may have used the term Κύριος (cf. κυρία, Hipp. *Refut.* VI. 29); but of this we know nothing.

The only other information afforded by the Minor Heresiologists is 'Deinde introducit totum Valentinum,' which is probably true enough. With the probable exceptions already considered there is no reason to suppose that Heracleon materially altered the system of his master, or that he laid any particular stress on the details of the system. His interest seems to have been more in the general theological and philosophical teaching of Valentinianism, and the interpretation by it of the Canonical Books which he regarded as authoritative, and especially of the Gospel according to S. John.

The patchwork of Epiphanius[1] need not detain us long. His points of contact with Philaster and Ps.-Tertullian betray the use of the *Syntagma*; and most of the rest consists so obviously of gleanings from Irenaeus that it is unnecessary to look further for his authority. The choice of Marcosian sources for his investigations was the natural consequence of the relative positions he assigns to Marcus, Colarbasus and Heracleon. At the same time the teaching of Heracleon on the two υἱοὶ ἀνθρώπου (Frag. 35) lends plausibility to the supposition that the ἄλλοι of Irenaeus I. xii. 4 may have some connexion with Heracleon, and that he did call the Father of All ἄνθρωπος. But, as a Commentator like Heracleon was bound to make use of the Evangelic phrase υἱὸς ἀνθρώπου, the identification is precarious. For the rest we should perhaps notice the parallelism of μήτε ἄρρεν μήτε θῆλυ with Hipp. *Ref.* VI. 30 (ἐν μὲν γὰρ τῷ ἀγεννήτῳ, φησὶν, ἐστὶ πάντα ὁμοῦ, ἐν δὲ τοῖς γεννητοῖς, τὸ μὲν θῆλυ...τὸ δὲ ἄρρεν), because of the φησὶ, with which we must deal later on. The description of the δευτέρα μήτηρ is a natural description of what formed part of every Valentinian system. Epiphanius might easily have added it himself, without deriving it from any particular source. The

---

[1] Epiphanius, *Haer.* XXXVI.

THE LIFE AND TEACHING OF HERACLEON. 39

words βούλεται δὲ πλείονα τῶν πρὸ αὐτοῦ καὶ οὗτος λέγειν, when compared with the statement of Ps.-Tertullian quoted above, point to the existence of some such accusation in the *Syntagma*.

We know from the *Refutatio* that Heracleon belonged to the Italic school of Valentinians; but beyond this no further information as to his teaching has come down to us, apart from his own writings; unless indeed the account of Valentinianism given by Hippolytus in the *Refutatio* is to be connected with the name of Heracleon. This question can only be settled by an examination of the points of contact between the two in matter and language; and this it will be better to reserve for the notes on the Fragments. It will not be out of place here, however, to trace shortly the illustrations which the Fragments offer of those passages of the *Refutatio*, which are confessedly derived from a document quoted, noticing also again the parts of such passages which shew similarity to the account of Heracleon given in the *Syntagma*. The first of these passages (*Ref.* VI. 29), ἦν ὅλως, φησὶ, γεννητὸν οὐδέν, πατὴρ δὲ ἦν μόνος ἀγέννητος, οὐ τόπον ἔχων, οὐ χρόνον, οὐ σύμβουλον, οὐκ ἄλλην τινὰ κατ' οὐδένα τῶν τρόπων νοηθῆναι δυναμένην οὐσίαν, is in thorough harmony with the account in the *Syntagma*. The description of ἀγάπη, though worthy of the author of the Fragment (50) on ὁμολογία, offers no point of contact with the Fragments. The agreement of the next sentence, προέβαλεν οὖν...τουτέστι δυάδα, κ.τ.λ., with the *Syntagma* has been pointed out, but it is not directly attributed to the document. The next sentence so attributed, τούτου γάρ, φησὶ, τελειότερον ἀριθμοῦ κ.τ.λ., is in harmony with the Pythagorean tendency to dwell on numbers, which is seen in Fragments 16, 18, 40, where Heracleon explains the significance of the 46 years occupied by the building of the Temple, the six husbands (according to his text) of the woman of Samaria, and the seventh hour when the son of the βασιλικὸς was healed. With the sentence ἐν μὲν γὰρ τῷ ἀγεννήτῳ, φησίν, κ.τ.λ. we have dealt before. With the following αὕτη ἐστί, φησίν, ἡ ἀγαθὴ, ἡ ἐπουράνιος Ἰερουσαλήμ, εἰς ἣν ἐπηγγείλατο ὁ θεὸς εἰσαγαγεῖν τοὺς υἱοὺς Ἰσραήλ, must be compared the Ἰερουσαλήμ of Fragment 13, of which the ψυχικὸς τόπος, typified in John ii. 13 by Ἰεροσόλυμα, is an εἰκών. (Cf. the note *in loc.*)

In chapter 32, after the explanation of ἀρχὴ σοφίας φόβος κυρίου (Prov. i. 7), attributed by the use of φησὶ to the same document, we find a long passage, which it will be necessary to quote in full. Ἔστι δὲ πυρώδης, φησὶν, ἡ ψυχικὴ οὐσία, καλεῖται δὲ καὶ τόπος [μεσότητος] ὑπ' αὐτῶν καὶ ἑβδομὰς καὶ παλαιὸς τῶν ἡμερῶν· καὶ ὅσα τοιαῦτα λέγουσι περὶ τούτου, ταῦτα εἶναι τοῦ ψυχικοῦ, ὅν φασιν εἶναι τοῦ κόσμου δημιουργόν· ἔστι δὲ πυρώδης. λέγει, φησὶ, καὶ Μωυσῆς· Κύριος ὁ θεός σου πῦρ ἐστὶ φλέγον καὶ καταναλίσκον. καὶ γὰρ τοῦτο οὕτως γεγράφθαι θέλει. διπλῆ δέ τίς ἐστι, φησὶν, ἡ δύναμις τοῦ πυρός· ἔστι γὰρ πῦρ παμφάγον, κατασβεσθῆναι μὴ δυνάμενον...κατὰ τοῦτο τοίνυν τὸ μέρος θνητή τίς ἐστιν ἡ ψυχὴ, μεσότης τις οὖσα· ἔστι γὰρ ἑβδομὰς καὶ κατάπαυσις. ὑποκάτω γὰρ ἐστὶ τῆς ὀγδοάδος, ὅπου ἐστὶν ἡ σοφία, ἡμέρα μεμορφωμένη, ὑπεράνω δὲ τῆς ὕλης, ἧς ἐστὶ δημιουργός. ἐὰν οὖν ἐξομοιωθῇ τοῖς ἄνω, τῇ ὀγδοάδι, ἀθάνατος ἐγένετο καὶ ἦλθεν εἰς τὴν ὀγδοάδα, ἥτις ἐστὶ, φησὶν, Ἱερουσαλὴμ ἐπουράνιος· ἐὰν δὲ ἐξομοιωθῇ τῇ ὕλῃ, τουτέστι τοῖς πάθεσι τοῖς ὑλικοῖς, φθαρτὴ ἔσται καὶ ἀπώλετο [? ἐστι καὶ ἀπόλλυται]. It is impossible to determine how much of this passage is actually quoted from the document in question: but the τόπος [μεσότητος] reminds us of Frag. 13, τὸν ψυχικὸν τόπον, Frag. 40, τῷ ὑποβεβηκότι μέρει τῆς μεσότητος, and Frag. 35, ὑπὲρ τὸν τόπον. And the account of ψυχικὴ οὐσία as ἑβδομάς, and of the conditions under which it may become ἀθάνατος, vividly recalls the description of ψυχή in Fragment 40.

In chapter 34 (sub fin.), apart from the quotation from 1 Cor. ii. 14, all that is necessarily taken from the document is μωρία δὲ, φησὶν, ἐστὶν ἡ δύναμις τοῦ δημιουργοῦ. On the agreement, or disagreement, of the next sentence, μωρὸς γὰρ ἦν, κ.τ.λ., with Fragment 2, see the note *in loc.*

The rest of the quotations from the document, and there are practically only two more, offer no points of comparison or of contrast. But this examination reveals a very decided similarity between such parts of his system as can be discovered from the Fragments of Heracleon, and the passages of the *Refutatio* where by the use of φησὶ Hippolytus shews that he is quoting a particular Gnostic document[1]. It has never been proved that Valentinus

[1] The researches of Stähelin (Harnack, *Texte und Untersuchungen* vi. 3) do not

cannot have been the author of this document. But if the view, that the Pythagoreanising element was chiefly developed by Heracleon[1], is true, the Valentinian authorship is highly improbable. The similarity of its contents to the Fragments of Heracleon do not prove that he was the author, but they render such a supposition very probable indeed. The more detailed comparison of the rest of the account in Hippolytus with the Fragments proves, I think, that the system on which the account is based is Heracleonic; while certain differences lead us to attribute it rather to the school of Heracleon, than to the founder of the school himself. I speak of course of the system on which Hippolytus bases his account: divergent systems and opinions are frequently mentioned.

Thus no certain evidence for Heracleon's date can be gained from the *Refutatio*. The Pythagoreanising tendency, and the absence of a σύζυγος of the Father, which we may attribute with probability, though not with certainty, to Heracleon, are not necessarily late elements. The details of the system, which are generally regarded as of a later type, may or may not be his.

Of the *Excerpta ex Theodoto* it is not necessary to speak at length here. The chief illustrations of the Fragments afforded by them will be referred to in the notes. Considerable verbal similarities exist, but we are not yet, if indeed we ever can be, in a position to deal certainly with the 'Quellenkritik' of the *Excerpta*.

We must now turn to the surer ground of the Fragments themselves, and conclude with a short summary of the teaching of Heracleon, as it can be derived from his own writings.

The nature of God is in itself unspotted, pure, invisible. He is Spirit, and can only be worshipped duly by those who are of the same nature as Himself, and whose worship is spiritual, not carnal (Fr. 24). Elsewhere he is called ὁ πατὴρ τῆς ἀληθείας (Fr. 20). We hear in Fr. 16 of a τετράς, ἡ ἀπρόσπλοκος, which is probably the highest Tetrad of the Valentinian system, i.e. the four highest male Aeons. The next highest Aeon of whom we

---

affect the question under discussion. He admits the trustworthiness of Hippolytus's authority in this section of the *Refutatio*.

[1] See also Lipsius, *Quellenkritik des Epiphanios*, p. 170.

read is perhaps the ἄνω Χριστὸς, who, according to the Hippolytean account, sent the κοινὸς τοῦ πληρώματος καρπὸς to Sophia; but the interpretation of Fr. 35 is uncertain. The λόγος of Heracleon is not a member of the original Pleroma, or Aeon, according to Heracleon's usage of the term. The inhabitants of the Aeon came into being before him (Fr. 1). His position seems to correspond to that of the κοινὸς καρπὸς in the *Refutatio*. All things, with the exception of the Aeon and its inhabitants, came into being through him; that is to say, according to Heracleon's strange interpretation of διὰ, he was the cause of the creation of the world by the Demiurge (παρασχεῖν τὴν αἰτίαν τῆς γενέσεως τοῦ κόσμου τῷ δ.). Through his indwelling activity the Demiurge worked. The πνευματικοὶ were in a stricter sense created by him, αὐτὸς γὰρ τὴν πρώτην μόρφωσιν τὴν κατὰ τὴν γένεσιν αὐτοῖς παρέσχε, τὰ ὑπ' ἄλλου σπαρέντα εἰς μορφὴν καὶ εἰς φωτισμὸν καὶ περιγραφὴν ἰδίαν ἀγαγὼν καὶ ἀναδείξας. He is the true Creator, and is also called Χριστός (Fr. 22). He is further identified with the Saviour (Fr. 5), and it is probably he, to whom reference is made in the words ὁ ἐν αἰῶνι καὶ οἱ σὺν αὐτῷ ἐλθόντες (Fr. 22), as is shewn by what follows: ἐξῆλθεν...ὁ λόγος εἰς τὴν οἰκουμένην. We hear of the Holy Spirit as driving out evil (Fr. 13), but nothing further is said on the subject.

Sophia is never mentioned in the Fragments, but her history is the archetype of that of the redemption of the πνευματικοί, which is represented as the true meaning of the story of the Samaritan Woman, and it is not possible to separate archetype from copy in Heracleon's interpretation of the story.

The Demiurge is frequently mentioned. Though in one sense the world came into being through the λόγος, the Demiurge, inspired by him, is its immediate creator (Fr. 1). He it was, in all probability, who sowed, unconsciously, the pneumatic seeds which were formed and fostered by the Word (Fr. 3). He is typified by John the Baptist, who, when he professed his unworthiness to loose the latchet of Christ's shoe, is represented by Heracleon as speaking in the person of the Demiurge, who is thus made to confess his inferiority to the Christ (Fr. 8). He is the Creator whom the Jews worshipped, and is represented by Jerusalem, the seat of the imperfect worship which was soon to pass away (Fr. 20). The worship offered to him by all his worshippers was carnal and mistaken (Fr. 22). He is again represented by the βασιλικὸς of John iv. 46. He is, as it were, a petty king (Fr. 40), set over a small kingdom by the Great King. His kingdom is the τόπος μεσότητος, in the inferior part of which, represented by Capernaum, his son lies sick. His nature is psychic, as is that of his son, which is represented by the number seven. This nature is capable of salvation by being assimilated to the higher spiritual nature, but the destruction of those who remain his 'men,' and are not thus assimilated, is assured by the words of Christ in Matt. viii. 12. His nature is such that it requires signs and wonders before it can believe: it cannot λόγῳ πιστεύειν. Yet he is easily persuaded of the superior power of the Saviour. He has his angels, here represented as slaves, who report to him on the well-being of his subjects, and the progress which they are making in consequence of the Saviour's advent. 'He and his house' represent his whole angelic order, and those men who are more nearly akin to his own nature. Such can be saved, though the salvation of some of the angels is doubtful, and the destruction of those men, who are merely 'men of the Demiurge,' is certain. Once more, according to one interpretation of ἔστιν ὁ ζητῶν καὶ κρίνων the Judge is the Demiurge, the Saviour's minister, who performs the will of Him to whom all judgment has been committed.

The διάβολος comes next in importance in Heracleon's teaching. He is represented by the Mountain of Samaria (Fr. 20), which is one part of the whole mountain of evil, the κόσμος worshipped by all before the Law, and since the Law by the Nations of the Gentiles. He cannot stand in the truth, because his nature is not of the truth, but of its opposite, of error and ignorance. Falsehood is his own by nature; he is physically incapable of speaking truth. His nature (for so Heracleon interprets ὁ πατὴρ αὐτοῦ) is composed of error and falsehood (Fr. 47). His substance is different in kind from the λογικὴ οὐσία of the Saints (Fr. 45). He has desires but no will (Fr. 46).

The χοικοί are his children by nature, of the same substance as he.

Corresponding to λόγος, δημιουργὸς, διάβολος, we find the usual triple division of men into πνευματικοί, ψυχικοί, χοικοὶ or σαρκικοί (cf. Fr. 44, ἑτέρας οὐσίας τυγχάνοντι παρ' οὓς καλοῦσι ψυχικοὺς ἢ πνευματικούς). The πνευματικοὶ are in some sense identical with the λόγος, who imparted to them their form and personality (Fr. 2). The Holy of Holies, into which the High Priest alone enters, symbolises the place of their final destination (Fr. 13). The spiritual seed has been sown in the ἐμφύσημα, which is apparently the psychical part of those men who possess it (Fr. 16). Before the coming of Christ their spiritual nature was imprisoned in matter, corrupted by adulterous and irrational intercourse with hylic wickedness. Their former life was weak, temporal, deficient, because it was cosmic. When they are rescued by the Saviour, the life which He gives them is eternal and incorruptible (Fr. 17). Through ignorance of God and the true worship which should be offered to Him, they lived in former times no true life (Fr. 19). Yet the spiritual nature was not wholly dormant; the Church awaited Christ, and was persuaded that He knew all things, and was thus prepared to receive Him (Fr. 25). But their rescue depends in no way on themselves; the spiritual nature is φύσει σωζόμενον, and incorruptible (Fr. 37). Faith corresponds to their true nature, and henceforth they offer to the Father of Truth that spiritual worship which is their rational service (Fr. 24). This they can do, because they are of the same nature as God. Rescued themselves, they are instrumental in the salvation of others, especially of those ψυχικοὶ who are capable of salvation. They pour forth what has been given them, unto the eternal life of others (ἕτεροι). So Heracleon interprets the ἁλλομένου of John iv. 14 (Fr. 17). It is through and by the pneumatic that the psychic is brought to the Saviour (Fr. 27).

The πνευματικοὶ are consubstantial with God, and are destined to salvation. With the ψυχικοὶ it is not so. They are the children of the Demiurge and share his nature. They are represented by the Jews, who worshipped the Creator, the Demiurge, instead of the Father of Truth (Fr. 19), who thought they knew

God, but knew Him not, worshipping angels and months and moons (Fr. 21)[1]. They can be saved, but cannot enter the Pleroma: the προναός, the sphere of the Levites' service, is the true symbol of their destined home. They are many in number, and form the κλῆσις, in contrast to the small number of the spiritual ἐκλογή. But we learn most about their nature in Fragment 40. Like the πνευματικοί they are entangled in ὕλη: and they are sick, sick unto death. But their case is not hopeless; the psychic nature possesses fitness for salvation (ἐπιτηδείως ἔχουσαν); it is the corruptible which puts on incorruption. Its nature is symbolised by the number seven. The Hebdomad, we learn from Hippolytus, is the abode of the Demiurge, having affinities both with the Ogdoad above, and the Hyle (whose number is six) below. The psychic can rise to salvation or sink to destruction. There would seem then to be a freedom of choice. The ψυχικοί are the mean between the necessarily saved and the hopelessly lost. But whether the freedom of choice is real or only apparent, it is hard to say.

The χοικοί are by nature the sons of the Devil. The ψυχικοί can, by doing his works, become sons of the Devil θέσει or ἀξίᾳ, but only the χοικοί are such by nature (Fr. 46). They are of the same substance with the Devil, and thus differ in kind from the other classes of men. Though it is nowhere expressly so stated, it follows from the position which they hold in the system that their destruction is inevitable.

To set free the πνευματικοί, and to save those ψυχικοί who were capable of salvation, was the work of the Saviour on earth. The exact nature of the Saviour who appeared on earth is nowhere explicitly stated. But we learn that the Christ, who, as we saw, probably corresponds to the κοινὸς τοῦ πληρώματος καρπὸς of the Hippolytean account, came down from the μέγεθος, and took flesh as an ὑπόδημα (Fr. 8). As we learn this from a fragment which is dealing with the words of the Baptist, μέσος ὑμῶν στήκει, κ.τ.λ., and as in Fr. 10 a distinction is made between the σῶμα and that which dwells in it, we may assume that Heracleon's 'Italic' position is confirmed by

[1] On Heracleon's use of the Preaching of Peter, see Fr. 21 (note), and Hilgenfeld, *Nov. Test. extra Canon. receptum*, IV. p. 64.

the Fragments (see Hipp. *Refut.* VI. 35). We do not know whether he commented on John i. 14 or not. The flesh which Christ took was imperfect and fitly represented by the Lamb. 'He who taketh away the sin of the world' is the Higher Being, who dwells in the body. Traces of Docetism are to be found in the account of His healing of the son of the βασιλικὸς (Fr. 40, καταβὰς πρὸς τὸν κάμνοντα καὶ ἰασάμενος αὐτόν), and in the description of His food as the performance of the Father's will. The interpretation of His journeys as typifying His passing from the hylic to the psychic sphere, or His appearing in the world, of course proves nothing, and the symbolical interpretation does not exclude the historical. On the other hand the expressions used with regard to the Passion are surprisingly literal for a Gnostic. Not only does the Passion divide the two periods of the Saviour's sojourn on earth (Fr. 38), but the slaying of the lamb at the Great Feast is typical of the Passion of the Saviour, as again the eating of it symbolises the Marriage Feast of the future (Fr. 12).

He appears publicly on earth first, apparently, at the time of the Baptism. His presence is declared to the people by the Baptist. Through his representative the Baptist, the Demiurge acknowledges the superiority of the Saviour. His journey to Capernaum symbolises His descent into the hylic portions of the world: but the nature of this place is unsuitable, He can here neither do nor say anything. The journey to Jerusalem represents His ascent to the psychic sphere; He cleanses the Holy of Holies, the home of the pneumatic, and also, apparently, the Levites' court, which belongs to the psychic. The powers of evil are driven out by the might of the Holy Spirit, and the Ecclesia becomes again the House of His Father. He goes down to Samaria to rescue the spiritual Church from the entanglements of matter, and the adulterous intercourse in which she had lived with her six husbands (Fr. 17); to restore her to her true husband above, and, for the present, to teach her the worship of the Father, 'in spirit and in truth.' By her means, and later by His own words, the higher class of ψυχικοὶ are also rescued, and leave their former cosmic life. Thus the spiritual Church is rescued; He gathers it in as a reaper, and sends forth His angels, represented here on earth by the Disciples, each one to his own partner: the final consummation is not till the πνευματικοί are given as brides to the angels, and enter the Pleroma for the great Marriage Feast. He is said to have come to Samaria, in some sense, for the sake of the Disciples. Perhaps this may mean to rescue for the angels, whom they represent, their spiritual brides. The Saviour's own work for the ψυχικοί is more fully described in Heracleon's interpretation of the miracle of the healing of the son of the βασιλικός, which has been considered already.

His work was not ended by the Passion. After the Resurrection, no doubt, of the psychic Christ, the Saviour again appeared among His disciples and converted many more to faith than during the first period of His work. At length He was parted from them. The period between the Resurrection and the Ascension was probably regarded by Heracleon as considerably longer than forty days. This opinion was also held by other Gnostics: cf. Irenaeus I. iii. 2, μετὰ τὴν ἐκ νεκρῶν ἀνάστασιν δεκαοκτὼ μησὶ λέγειν διατετριφέναι αὐτὸν σὺν τοῖς μαθηταῖς, and I. xxx. 14, 'remoratum autem eum post resurrectionem XVIII mensibus.'

Of the Eschatology of the system we do not hear much. The ὑλικοί are obviously doomed to destruction, and so are such of the ψυχικοί who are not raised and assimilated to what is higher; the rest go to their own place of salvation, which we learn is without the Pleroma. The πνευματικοί, as we may reasonably conjecture from what is said, are given as brides to the angels of the Saviour, and enter into the Pleroma to partake of the eternal rest of the Marriage Feast and the highest worship of the Father 'in spirit and in truth.'

Enough examples have been given to shew the general character of Heracleon as a Commentator, but so far we have seen his worst side. He is seen at his best in the description of True Confession, in Life and not in Word only (Fr. 50). This whole fragment is of great interest and surprising excellence. At times in his Commentary on S. John he is an acute and accurate observer. He has seen rightly that the passage beginning, οὐδεὶς τὸν θεὸν ἑώρακεν πώποτε (Jn. i. 18), is not part of the Baptist's speech, but is added by the Evangelist himself (Fr. 3). His interpretation of ἁλλομένου (Jn. iv. 14) is fanciful, but striking. What he says of the Will of the Father in Fr. 31 certainly does not deserve the censure it receives from Origen. He has interpreted rightly the simplicity of the disciples in asking Μή τις ἤνεγκεν αὐτῷ φαγεῖν; and the self-satisfied stupidity of the Jews in their suggestion of Μήτι ἀποκτενεῖ ἑαυτόν; Indeed he is often at his best in those places where Origen complains of his want of spiritual insight and servile adherence to the letter. But his explanatory remarks are often strangely unfortunate. We may cite as examples his account of Christ's inability to teach or work miracles at Capernaum (Fr. 11); his remark on the objections raised by the Pharisees to John's baptism (Fr. 6); and his distinction of what the Saviour said about John himself, from what He said about the things concerning him (Fr. 5). And his whole system of metaphorical interpretation is the most arbitrary attempt to read into the Fourth Gospel the details and teaching of the system in which he had been brought up. At the same time we must remember that, though the application is more arbitrary, the general method is exactly the same as that of Origen himself. Both extract the meaning they desire from the words on which they are commenting by a violent system of metaphorical distortion. But whereas Origen applies his method more consistently, and endeavours to find a meaning which is based on a system formed from the study of the Fourth Gospel as a whole and of other books whose teaching is not alien to that of this Gospel, Heracleon attempts, very often with excessive wildness, to discover in the Gospel a system which has only a superficial and verbal connexion with it. Yet, on the whole, though we cannot but feel that the author of Fragment 50 might have employed his ability in a more fruitful manner than he has sometimes done, there is much interesting matter, apart from the historical investigation of Valentinianism, to repay a careful study of the earliest Commentary on the Gospel of S. John.

The bearing of Heracleon's Commentary on questions connected with the authorship and acceptance of the Fourth Gospel does not come within the scope of this book. A list of passages of Scripture quoted, or referred to by him, will be found at the end.

In it I have omitted one or two of those generally cited, where the quotation or reference is probably made by Origen and not by Heracleon himself. The Index of Words will supply further assistance for the study of his vocabulary and his teaching.

THE EXTANT FRAGMENTS OF HERACLEON.

1. Orig. *Comm. in Ioann.* ii. 8 (R. IV. 66; L. I. 117).

Jo. i. 3. Βιαίως δὲ οἶμαι καὶ χωρὶς μαρτυρίου τὸν Οὐαλεντίνου λεγόμενον εἶναι γνώριμον Ἡρακλέωνα, διηγούμενον τὸ Πάντα δι' αὐτοῦ ἐγένετο, ἐξειληφέναι Πάντα τὸν κόσμον καὶ τὰ ἐν αὐτῷ, ἐκκλείοντα τῶν Πάντων, τὸ ὅσον ἐπὶ τῇ ὑποθέσει αὐτοῦ, τὰ τοῦ κόσμου καὶ τῶν ἐν αὐτῷ διαφέροντα. φησὶ γάρ 5

1. 3. The exclusion of τὰ τοῦ κόσμου καὶ τῶν ἐν αὐτῷ διαφέροντα from the πάντα is noticeable. Contrast Irenaeus I. viii. 5 πάντα δι' αὐτοῦ ἐγένετο καὶ χωρὶς αὐτοῦ ἐγένετο οὐδὲ ἕν· πᾶσι γὰρ τοῖς μετ' αὐτὸν αἰῶσι μορφῆς καὶ γενέσεως αἴτιος ὁ λόγος ἐγένετο. The Valentinians generally deduced from the Prologue to the Fourth Gospel the origin of the Pleroma and its inhabitants. Cf. *Excerpta ex Theodoto* § 6. The teaching of Heracleon is more nearly allied to that of Irenaeus, who frequently insists on the inclusion of the κόσμος in πάντα, as against the ordinary Valentinian interpretation of the passage. Heracleon's supposition that τὰ ἐν τῷ αἰῶνι came into being before the Λόγος gives us a clue to his views with regard to the Λόγος, who must be identified with the Λόγος who, according to the Italic school, represented by Ptolemaeus and Heracleon, descended on the Son of Mary at the Baptism, ὁ λόγος ὁ τῆς μητρὸς ἄνωθεν τῆς σοφίας (Hipp. *Refut.* vi. 35). In the account given by Hippolytus we hear of seventy λόγοι projected by Sophia and her σύζυγος, the κοινὸς τοῦ πληρώματος καρπός. Probably Heracleon's Λόγος corresponds to the σύζυγος of Sophia. At any rate he occupies a position below the αἰῶν and above the Demiurge. The Λόγος who appeared to Valentinus in the form of a new-born babe (Hipp. *Refut.* vi. 42) cannot be assigned definitely to any place in the system, but is most probably to be regarded as the σύζυγος of Ζωή. Except therefore that the term (Λόγος) owes its origin to the Prologue to St John's Gospel, it has no connexion with the Λόγος of Heracleon.

5. διαφέροντα. φησὶ γάρ] An unfortunate transposition of γάρ and φησὶ in *Cod. Ven.* has misled Ferrarius into translating this passage, 'Per sermonem inquit non insignia non seculum etc.' Huet's translation of ἐκκλείοντα κ.τ.λ. 'excluden-

Οὐ τὸν αἰῶνα ἢ τὰ ἐν τῷ αἰῶνι γεγονέναι διὰ τοῦ
λόγου, ἅτινα οἴεται πρὸ τοῦ λόγου γεγονέναι. ἀναιδέστερον
δὲ ἱστάμενος πρὸς τό Καὶ χωρὶς αὐτοῦ ἐγένετο οὐδὲ ἕν, μηδὲ Jo. i. 3.
εὐλαβούμενος τό Μὴ προσθῇς τοῖς λόγοις αὐτοῦ, ἵνα μή ἐλέγξῃ Pr. xxx. 6
ce καὶ ψεύδης γένῃ, προστίθησι τῷ οὐδὲ ἕν τῶν ἐν τῷ κόσμῳ (xxiv. 29).
καὶ τῇ κτίσει. καὶ ἐπεὶ προφανῆ ἐστὶ τὰ ὑπ' αὐτοῦ λε-
γόμενα σφόδρα βεβιασμένα καὶ παρὰ τὴν ἐνάργειαν ἐπαγ-
γελλόμενα, εἰ τὰ νομιζόμενα αὐτῷ θεῖα ἐκκλείεται τῶν Πάντων,
τὰ δὲ, ὡς ἐκεῖνος οἴεται, παντελῶς φθειρόμενα κυρίως Πάντα
15 καλεῖται, οὐκ ἐπιδιατριπτέον τῇ ἀνατροπῇ τῶν αὐτόθεν τὴν
ἀτοπίαν ἐμφαινόντων· οἷον δὲ καὶ τὸ τῆς γραφῆς λεγούσης
Χωρὶς αὐτοῦ ἐγένετο οὐδὲ ἕν προστιθέντα αὐτὸν ἄνευ παρα-
μυθίας τῆς ἀπὸ τῆς γραφῆς τό τῶν ἐν τῷ κόσμῳ καὶ
τῇ κτίσει μηδὲ μετὰ πιθανότητος ἀποφαίνεσθαι, πιστεύεσθαι
20 ἀξιοῦντα ὁμοίως προφήταις ἢ ἀποστόλοις τοῖς μετ' ἐξουσίας
καὶ ἀνυπευθύνως καταλείπουσι τοῖς καθ' αὑτοὺς καὶ μεθ'
αὑτοὺς σωτήρια γράμματα. ἔτι δὲ ἰδίως καὶ τοῦ Πάντα
δι' αὐτοῦ ἐγένετο ἐξήκουσε, φάσκων Τὸν τὴν αἰτίαν παρα-
σχόντα τῆς γενέσεως τοῦ κόσμου τῷ δημιουργῷ, τὸν
25 λόγον ὄντα, εἶναι οὐ τὸν ἀφ' οὗ ἢ ὑφ' οὗ, ἀλλὰ τὸν

8 μηδὲ] μή.   12 ἐνάργειαν] ἐνέργειαν.

tem quantum ipsius fert hypothesis ex omnibus praestantissima quaeque mundi et eorum quae ipso continentur' is unintelligible in connexion with the context. The 'things more excellent than the world and its contents' are of course, as is explained in the following words, the αἰὼν and its contents. By explaining πάντα to be the world and its contents, he excludes from πάντα all that is of a higher nature.

6. αἰῶνι] For this sense of αἰών, derived no doubt originally from the Timaeus (38 A), cf. Frag. 18, ἦν γὰρ αὐτῆς ὁ ἀνὴρ ἐν τῷ αἰῶνι, and Frag. 22, ὁ ἐν αἰῶνι.

16. τὸ τῆς γραφῆς λεγούσης] Hilgenfeld, omitting λεγούσης, which

is not found in Delarue's text, the word being omitted in Cod. Bodleianus, plausibly substitutes τῷ for τό. But it is not necessary to alter the attested reading: τό may be taken with ἀποφαίνεσθαι, and though the construction is awkward it is not impossible, and not more awkward than that which would be obtained by reading τῷ, viz. οἷον......προστιθέντα ......ἀποφαίνεσθαι. But the οἷον δὲ is unsatisfactory, and it has been well suggested that we should probably here read οἷον δή. For one who recognizes the authority of Scripture, to make unwarrantable additions to it without any attempt to justify them, is a fair example of τῶν αὐτόθεν τὴν ἀτοπίαν ἐμφαινόντων.

4—2

δι' οὗ, παρὰ τὴν ἐν τῇ συνηθείᾳ φράσιν ἐκδεχόμενος τὸ γεγραμμένον. εἰ γὰρ ὡς νοεῖ ἡ ἀλήθεια τῶν πραγμάτων ἦν, ἔδει διὰ τοῦ δημιουργοῦ γεγράφθαι πάντα γεγονέναι ὑπὸ τοῦ λόγου, οὐχὶ δὲ ἀνάπαλιν διὰ τοῦ λόγου ὑπὸ τοῦ δημιουργοῦ. καὶ ἡμεῖς μὲν τῇ δι' οὗ χρησάμενοι ἀκολούθως 30 τῇ συνηθείᾳ, οὐκ ἀμάρτυρον τὴν ἐκδοχὴν ἀφήκαμεν. ἐκεῖνος δὲ, πρὸς τῷ μὴ παραμεμυθῆσθαι ἀπὸ τῶν θείων γραμμάτων τὸν καθ' ἑαυτὸν νοῦν, φαίνεται καὶ ὑποπτεύσας τὸ ἀληθὲς καὶ ἀναιδῶς αὐτῷ ἀντιβλέψας· φησὶ γὰρ ὅτι Οὐχ ὡς ὑπ' ἄλλου ἐνεργοῦντος αὐτὸς ἐποίει ὁ λόγος, ἵν' οὕτω νοηθῇ 35

26 παρὰ τήν] περὶ ὧν. Cod. Bodl. in mg. τάχα τῶν.

26. παρὰ τήν] The reading of Cod. Monac. περὶ ὧν, which is reproduced in all its copies, is impossible. Ferrarius's translation, 'exponens id quod scriptum est phrasin esse consuetam,' is not helpful. It is not easy to see how he got it from the Greek which was before him, and in the context in which the words occur it gives no intelligible sense. Hilgenfeld's conjecture περιττὴν is hardly more helpful. How is it to be translated? The conjectural emendation which most obviously suggests itself is παρὰ τήν. The confusion of παρά and περί is one of the commonest characteristics of Cod. Monac., as also, it may be added, of its descendants. And when once παρά was changed to περί, τήν may have become τῶν, which might easily be corrupted to ὧν. Possibly the original reading may have been παρὰ τὴν τῶν, which accounts more easily for the corruption, if the construction thus given to φράσιν is possible. Either of these readings will give the required contrast to Origen's position stated just below, ἡμεῖς δὲ ἀκολούθως τῇ συνηθείᾳ κ.τ.λ. We may compare such passages as xiii. 17, ὅρα δὲ εἰ μὴ ἰδίως καὶ παρὰ τὴν ἀκολουθίαν τῶν ῥητῶν ἐκδεξάμενος κ.τ.λ. This sugges- tion is independent of Heinrici, whose note (Die Val. Gnosis, p. 135) I had not seen when I first made it.

32. πρὸς τῷ μὴ παραμεμυθῆσθαι] On the bearing of this passage as it stands in Codex Regius on the relation of that ms. to Cod. Monacensis see Introduction p. 8. Delarue's obviously right conjecture of τῷ for τὸ is now substantiated by the evidence of Cod. Monacensis. Unfortunately the same error (τὸ for τῷ) was made independently by the scribes of Codd. Reg. and Bodl.

35. ὁ λόγος] The position of the λόγος here is exactly that given to Sophia in Hippolytus (Refut. vi. 33), ἀγνοοῦντι αὐτῷ (sc. τῷ δημιουργῷ) ἡ σοφία ἐνήργησε, which corresponds to Heracleon's αὐτοῦ ἐνεργοῦντος ἕτερος ἐποίει, where the ἕτερος is obviously the Demiurge. It may be noticed that in this passage Hippolytus gives a general reference, using λέγουσιν and not φησίν. We should also compare the account of Irenaeus (I. v. i.), especially the words μᾶλλον δὲ τὸν Σωτῆρα δι' αὐτῆς; and shortly before, (of the Demiurge) λεληθότως κινούμενον ὑπὸ τῆς μητρός. Heracleon may have assumed some similar relation between Λόγος and Σοφία, at any rate it would have been easy for him to

τὸ Δι' αὐτοῦ, ἀλλ' αὐτοῦ ἐνεργοῦντος ἕτερος ἐποίει.
οὐ τοῦ παρόντος δὲ καιροῦ ἐστὶν ἐλέγξαι τὸ μὴ τὸν δημιουργὸν ὑπηρέτην τοῦ λόγου γεγενημένον τὸν κόσμον πεποιηκέναι, καὶ ἀποδεικνύναι ὅτι ὑπηρέτης τοῦ δημιουργοῦ γενόμενος
40 ὁ λόγος τὸν κόσμον κατεσκεύασε. κατὰ γὰρ τὸν προφήτην
Δαβὶδ Ὁ θεὸς εἶπε καὶ ἐγενήθηcαν· ἐνετείλατο καὶ ἐκτίcθηcαν. Ps. cxlviii.
ἐνετείλατο γὰρ ὁ ἀγέννητος θεὸς τῷ πρωτοτόκῳ πάcηc κτίcεωc, Col. i. 15.
καὶ ἐκτίcθηcαν, οὐ μόνον ὁ κόcμοc, καὶ τὰ ἐν αὐτῷ, ἀλλὰ
καὶ τὰ λοιπὰ πάντα εἴτε θρόνοι εἴτε κυριότητεc εἴτε ἀρχαὶ Col. i. 16,
45 εἴτε ἐξουcίαι· πάντα γὰρ δι' αὐτοῦ καὶ εἰc αὐτὸν ἔκτιcται, καὶ αὐτόc 17.
ἐcτι πρὸ πάντων.

2. *Ibid.* ii. 15 (R. IV. 73; L. I. 130).

Πάνυ δὲ βιαίως κατὰ τὸν τόπον γενόμενος ὁ Ἡρακλέων
τό Ὃ γέγονεν ἐν αὐτῷ ζωὴ ἦν ἐξείληφεν ἀντὶ τοῦ ἐν αὐτῷ Jo. i. 4.
Εἰς τοὺς ἀνθρώπους τοὺς πνευματικούς, οἱονεὶ ταὐτὸν
νομίσας εἶναι τὸν λόγον καὶ τοὺς πνευματικούς, εἰ καὶ μὴ
5 σαφῶς ταῦτ' εἴρηκε· καὶ ὥσπερεὶ αἰτιολογῶν φησίν Αὐτὸς

modify the system sufficiently to obtain the necessary adaptation to the Prologue of St John. The same relation, however, between Sophia and the Demiurge is assumed in the second part of the *Excerpta ex Theodoto* (c. 49, ἐπεὶ δὲ οὐκ ἐγίνωσκεν τὴν δι' αὐτοῦ ἐνεργοῦσαν κ.τ.λ.). It was probably part of the original system of Valentinus, and is therefore not available as a means of differentiating the systems of his pupils.
41. The LXX. in this passage reads αὐτός instead of ὁ θεός, and repeats the αὐτός before ἐνετείλατο.
2. 5. Two explanations of this passage are possible. The ἄλλος whose sowing the Λόγος completed may be the κοινὸς τοῦ πληρώματος καρπός, in which case cf. Hippolytus, *Refutat.* vi. 34, λόγοι ἄνωθεν κατεσπαρμένοι ἀπὸ τοῦ κοινοῦ τοῦ πληρώ-

ματος καρποῦ καὶ τῆς σοφίας εἰς τοῦτον τὸν κόσμον: and also the interpretation of ἄλλος ὁ σπείρων καὶ ἄλλος ὁ θερίζων given by Heracleon (Frag. 35). But it is more probable that the ἄλλος is the Demiurge, the work of the Λόγος being that which is described in the passage quoted from Hippolytus as a sowing. This suits better the description τὴν πρώτην μόρφωσιν τὴν κατὰ τὴν γένεσιν, and gives to the action its natural place (chronologically) in the history of Creation. Much closer parallels, however, to this passage are found in the *Excerpta ex Theodoto.* Cf. § 57, γίνεται οὖν...μόρφωσις τοῦ πνευματικοῦ, and § 48, διακρίνας δὲ ὁ δημιουργὸς τὰ καθαρὰ ἀπὸ τοῦ ἐμβριθοῦς ὡς ἂν ἐνιδὼν τὴν ἑκατέρου φύσιν φῶς ἐποίησεν, τουτέστιν ἐφανέρωσεν καὶ εἰς φῶς καὶ ἰδέαν προσήγαγεν, which is

54 THE EXTANT FRAGMENTS OF HERACLEON.

γὰρ τὴν πρώτην μόρφωσιν τὴν κατὰ τὴν γένεσιν αὐτοῖς παρέσχε, τὰ ὑπ' ἄλλου σπαρέντα εἰς μορφὴν καὶ εἰς φωτισμὸν καὶ περιγραφὴν ἰδίαν ἀγαγὼν καὶ ἀναδείξας. οὐ παρετήρησε δὲ καὶ τὸ περὶ τῶν πνευματικῶν παρὰ τῷ Παύλῳ λεγόμενον, ὅτι ἀνθρώπους αὐτοὺς ἀπεσιώ-
1 Cor. ii. πησε· Ψυχικὸς ἄνθρωπος ογ δέχεται τὰ τογ πνεγματος τογ
14, 15. θεογ, μωρία γὰρ αγτῷ ἐςτίν· ὁ δὲ πνεγματικὸς ἀνακρίνει πάντα.
ἡμεῖς γὰρ οὐ μάτην αὐτόν φαμεν ἐπὶ τοῦ πνευματικοῦ μὴ προστεθεικέναι τὸ ἄνθρωπος. κρεῖττον γὰρ ἢ ἄνθρωπος ὁ πνευματικός, τοῦ ἀνθρώπου ἤτοι ἐν ψυχῇ ἢ ἐν σώματι ἢ ἐν 15 συναμφοτέροις χαρακτηριζομένου, οὐχὶ δὲ καὶ ἐν τῷ τούτων θειοτέρῳ πνεύματι, οὐ κατὰ μετοχὴν ἐπικρατοῦσαν χρηματίζει ὁ πνευματικός. ἅμα δὲ καὶ τὰ τῆς τοιαύτης ὑποθέσεως χωρὶς κἂν ἀποφαινομένης ἀποδείξεως ἀποφαίνεται, οὐδὲ μέχρι τῆς τυχούσης πιθανότητος φθάσαι εἰς τὸν περὶ τούτων 20 δυνηθεὶς λόγον. καὶ ταῦτα μὲν περὶ ἐκείνου.

8 περιγραφὴν] παραγραφήν.

3. *Ibid.* vi. 2 (R. IV. 102; L. I. 177).

Jo. i. 19. Καὶ αγτη ἐςτὶν ἡ μαρτγρία τογ Ἰωάννογ. δευτέρα αὕτη ἀναγεγραμμένη Ἰωάννου τοῦ βαπτιστοῦ περὶ Χριστοῦ μαρ-
Jo. i. 15. τυρία, τῆς προτέρας ἀρξαμένης ἀπὸ τοῦ Οὗτος ἦν ὁ εἰπών Ὁ ὀπίσω μογ ἐρχόμενος, καὶ ληγούσης εἰς τὸ Μονογενής θεὸς ὁ

ὃν εἶπον   ὁ υἱός
3 ὁ εἰπών (sic).   4 μονογενὴς θεὸς (sic).

qualified in the next section by the words ἐπεὶ δὲ οὐκ ἐγίνωσκεν τὴν δι' αὐτοῦ ἐνεργοῦσαν. It is tempting to restore our text on the lines of the passage quoted from the *Excerpta*, and read καὶ ἰδέαν. But the phrase περιγραφὴν ἰδίαν is not intrinsically objectionable.

12. The transposition of ἐστὶν and αὐτῷ in Huet and the other editions is due to an error of the scribe of *Cod. Regius*. The right order is preserved in the other MSS.

3. 4. The interlinear insertions in *Cod. Monac.*, which are by a later

hand, afford instructive examples in the history of the transmission of Patristic quotations (see Introduction, pp. 8, 18); and the curious conflation of *Codex Regius* (ὁ μονογενὴς υἱὸς θεὸς) which is quoted in Tischendorf's critical digest is thus traced to its origin.

This is not the only case where Origen complains of Heracleon's interpretation of a passage, where the latter is probably right. (See Westcott's Commentary on St John, *in loc.*)

THE EXTANT FRAGMENTS OF HERACLEON. 55

5 ὧν εἰс τὸν κόλπον τοŶ πατρὸс ἐκεῖνοс ἐξηΓήсατο. οὐχ ὑγίως Jo. i. 18.
δὲ ὁ Ἡρακλέων ὑπολαμβάνει ΟΥ̓Δεὶс τὸν θεὸν ἑώρακεν πώποτε
καὶ τὰ ἑξῆς φάσκων εἰρῆσθαι Οὐκ ἀπὸ τοῦ βαπτιστοῦ
ἀλλ' ἀπὸ τοῦ μαθητοῦ· εἰ γὰρ καὶ κατ' αὐτὸν τό Ἐκ τοŶ Jo. i. 16,
πληρώματος αὐτοŶ ἡμεῖς πάντες ἐλάβομεν, καὶ χάριν ἀντὶ χάριτος, 17.
10 ὅτι ὁ νόμος Διὰ Μωϋсέως ἐδόθη, ἡ χάριс καὶ ἡ ἀλήθεια Διὰ Ἰηсοῦ
Χριсτοῦ ἐγένετο ὑπὸ τοῦ βαπτιστοῦ εἴρηται, πῶς οὐκ ἀκόλου-
θον τὸν ἐκ τοŶ πληρώματος τοŶ Χριсτοῦ εἰληφότα καὶ χάριν
δευτέραν ἐπὶ προτέρας χάριτος, ὁμολογοῦντά τε Διὰ Μωсέως
μὲν δεδόσθαι τὸν νόμον, τὴν δὲ χάριν καὶ τὴν ἀλήθειαν Διὰ
15 Ἰηсοῦ ΧριсτοŶ γεγονέναι, ἐκ τῶν ἀπὸ τοŶ πληρώματος εἰς
αὐτὸν ἐληλυθότων νενοηκέναι, πῶς Θεὸν οὐδεὶς ἑώρακεν
πώποτε καὶ τό τὸν μονογενῆ εἰс τὸν κόλπον ὄντα τοŶ πατρὸс
τὴν ἐξήγησιν αὐτῷ καὶ πᾶσι τοῖς ἐκ τοŶ πληρώματος εἰληφόсι
παραδεδωκέναι ; οὐ γὰρ νῦν πρῶτον ἐξηγήσατο <Ὀ ὤν> εἰс
20 τὸν κόλπον τοŶ πατρὸс, ὡс οὐδένοс ἐπιτηδείου πρότερον γεγενη-
μένου λαβεῖν ἃ τοῖс ἀποστόλοιс διηγήσατο, εἴγε Πρὶν Ἀβραὰμ Jo. viii. 58.
Γενέсθαι ὧν διδάσκει ἡμᾶс τὸν Ἀβραὰμ ἠγαλλιᾶσθαι Ἵνα Jo. viii. 56.
ἴδη τὴν ἡμέραν αὐτοŶ καὶ ἐν χαρᾷ γεγονέναι.

7, 8 βαπτιστοῦ...μαθητοῦ] cod. Sed literis αβδγ seriori manu inter lineas
insertis transponuntur βαπτιστοῦ et μαθητοῦ.   8 κατ' αὐτὸν] κατὰ ταυτον.
19 ὁ ὤν] om.

4. *Ibid.* vi. 8 (R. IV. 117; L. I. 200).

Οὐ θαυμαστὸν δὲ εἰ μὴ ἠκρίβουν ὅτι αὐτός ἐστι Χριсτόс Jo. i. 20,
καὶ ὁ προφήτης, οἱ διστάζοντες περὶ Ἰωάννου, μήποτε αὐτὸς 21.
Χριστὸς ἦν· ἀκόλουθον γὰρ τῷ περὶ τούτου δισταγμῷ τὸ
ἀγνοεῖν τὸν αὐτὸν εἶναι Χριсτὸν καὶ τὸν προφήτην. ἔλαθε

19. The insertion of ὁ ὤν by Cod. *Venetus*, followed by Ferrarius in his translation 'Non enim nunc primum enarravit, Qui est ad sinum Patris, perinde quasi nullus etc.,' is the simplest emendation of the corrupt text of its exemplar. These words (ὁ ὤν) are indeed omitted by the first hand of Cod. *Sinaiticus* (א), and Cod. *Vercellensis* (a) of the Old Latin, which represents the εἰς by 'solus,' but the omission leaves no suitable sense in the present context.

4. 1. Χριστὸς καὶ ὁ προφήτης] Ferrarius has rightly suggested the article, which was absent from the MS. which he used, translating 'Christus et ille Propheta.' In the Munich MS. the article is not wanting.

δὲ τοὺς πολλοὺς ἡ διαφορὰ τοῦ ὁ προφήτης καὶ προφήτης, ὡς
καὶ τὸν Ἡρακλέωνα, ὅστις αὐταῖς λέξεσί φησιν ὡς ἄρα
Ἰωάννης ὡμολόγησε μὴ εἶναι ὁ χριστός, ἀλλὰ μηδὲ
προφήτης, μηδὲ Ἡλίας. καὶ δέον αὐτὸν οὕτως ἐκλαβόντα
ἐξετάσαι τὰ κατὰ τοὺς τόπους, πότερον ἀληθεύει λέγων μὴ
εἶναι προφήτης, μηδὲ Ἡλίας, ἢ οὔ· ὁ δὲ μὴ ἐπιστήσας τοῖς 10
τόποις, ἐν οἷς καταλέλοιπεν ὑπομνήμασιν ἀνεξετάστως παρε-
λήλυθε τὰ τηλικαῦτα, σφόδρα ὀλίγα καὶ μὴ βεβασανισμένα
ἐν τοῖς ἑξῆς εἰπὼν, περὶ ὧν εὐθέως ἐροῦμεν.

6 ἄρα] ἄρ' εἰ.   9 λέγων] ἢ λέγων.

5. *Ibid.* vi. 12 (R. IV. 120; L. I. 206).

Jo. i. 23.
Cf. Is. xl. 3.

Δύναται μέντοι γε τό Ἐγὼ φωνὴ Βοῶντος ἐν τῇ ἐρήμῳ
καὶ τὸ ἑξῆς ἴσον εἶναι τῷ Ἐγώ εἰμι περὶ οὗ γέγραπται
φωνὴ Βοῶντος, ὡς βοῶντα εἶναι τὸν Ἰωάννην, καὶ τούτου τὴν
φωνὴν ἐν τῇ ἐρήμῳ βοᾶν Εὐθύνατε τὴν ὁδὸν κυρίου. δυσφη-
μότερον δὲ ὁ Ἡρακλέων περὶ Ἰωάννου καὶ τῶν προφητῶν 5
διαλαμβάνων, φησὶν ὅτι Ὁ λόγος μὲν ὁ Σωτήρ ἐστιν,
φωνὴ δὲ ἡ ἐν τῇ ἐρήμῳ ἡ διὰ Ἰωάννου διανοουμένη,

9. The only alteration necessary is the omission of ἢ before λέγων (H after ει). The οὔ must qualify ἀληθεύει, not λέγων. Huet follows the reading of *Codex Regius* which contains the ἢ and omits the ὁ, thus joining the two sentences and producing an unintelligible statement.

10. Hilgenfeld, in his critical note, is misled by a misstatement of Delarue's reproduced by Lommatzsch. The μὴ (after ὁ δὲ) is not wanting in the Bodleian.

5. 3. ὡς] It is remarkable that while *Codex Venetus* omits the ὡς, its copy *Codex Bodleianus* inserts it. But the scribe of the latter may very well have inserted it from the Latin of Ferrarius, 'ut clamante Iohanne': the want of some such insertion for grammar's sake would be quite obvious. For the construction we may compare a fragment of Origen in an unpublished Catena at Venice (Bibl. Marciana Graec. xxvii.) ὅρα δὲ εἰ δύνασαι πᾶσαν τὴν γραφὴν...διηγούμενος εἰπεῖν συνεστηκέναι...ὡς εἶναι τὸ πᾶν γράμμα τοῦ νόμου καὶ προφητῶν καὶ τῶν λοιπῶν γραφῶν ἀπὸ τοῦ τοιοῦδε πηλοῦ, ᾧ καὶ χρῖσαι δεῖ τοὺς τῶν μὴ βλεπόντων ὀφθαλμούς.

7. διανοουμένη] Heracleon twice uses νοεῖσθαι, as he here uses διανοεῖσθαι, of a higher power symbolised, represented, made intelligible, so to speak, (as far as is possible), on earth by an earthly being. Cf. Frag. 8 (Orig. *Comm. in Ioann.* vi. 23) περὶ τοῦ προσώπου τούτου (?) διὰ τοῦ Ἰωάννου νοουμένου, and Frag. 35 (Orig. *Ibid.* xiii. 48) θεριστὰς πέμπει τοὺς διὰ τῶν μαθητῶν νοουμένους ἀγγέλους.

ἦχος δὲ πᾶσα προφητικὴ τάξις. λεκτέον δὲ πρὸς αὐτὸν,
ὅτι ὥσπερ ἘΑΝ ΑΔΗΛΟΝ ϹΑΛΠΙΓΞ ΦΩΝΗΝ Δῷ οὐδεὶς πΑΡΑ- 1 Cor. xiv.
ϹΚΕΥΑΖΕΤΑΙ ΕἸϹ ΠΟΛΕΜΟΝ, καὶ ὁ χωρὶς ἈΓΑΠΗϹ ἔχων ΓΝῶϹΙΝ 8.
μυστηρίων ἢ προφητείΑΝ γέγονε χαλκὸς ἨΧῶΝ Ἢ ΚΥΜΒΑΛΟΝ Cf. 1 Cor.
ἀλαλαζΟΝ, οὕτως εἰ μηδέν ἐστιν ἕτερον ἢ ἦχος ἡ προφητικὴ xiii. 1, 2.
φωνὴ, πῶς ἀναπέμπων ἡμᾶς ἐπ᾽ αὐτὴν ὁ Σωτήρ Ἐρεγνάτε, Jo. v. 39.
φησὶ, ΤΑϹ ΓΡΑΦΑϹ, ὍΤΙ ὙΜΕῖϹ ΔΟΚΕῖΤΕ ἘΝ ΑὙΤΑῖϹ ΖΩΗΝ ΑἸώΝΙΟΝ
15 ἜΧΕΙΝ· ΚΑὶ ἘΚΕῖΝΑΊ ΕἸϹΙΝ ΑἹ ΜΑΡΤΥΡΟῦϹΑΙ· καί Εἰ ἐπιϹτεύετε ΜωϹΕῖ, Jo. v. 46.
ἐπιϹτεύετε ἂν ἐμοὶ, περὶ ΓΑΡ ἐμΟῦ ἐκεῖνος ἔγραψε· καί Καλῶς Mt. xv. 7,
ἐπροφήτεγϹε περὶ ὑμῶν Ἡϲαῒας, λέγων Ὁ λαὸς οὗτος τοῖς Cf. Is.
χείλεσί ΜΕ ΤΙΜᾷ; οὐκ οἶδα γὰρ εἰ τὸν ἄσημον ἦχον παραδέξεταί xxix. 13.
τις εὐλόγως ὑπὸ τοῦ Σωτῆρος ἐπαινεῖσθαι, ἢ ἔνεστι παρα-
20 σκευάσασθαι ἀπὸ τῶν γραφῶν, ὡς ἀπὸ ΦΩΝΗϹ ϹΑΛΠΙΓΓΟϹ
ἐφ᾽ ἃς ἀναπεμπόμεθα, εἰς τὸν πρὸς τὰς ἀντικειμένας
ἐνεργείας πόλεμον, ἀΔΗΛΟΥ ΦΩΝΗϹ ἬΧΟΥ τυγχανούσης. τίνα
δὲ τρόπον, εἰ μὴ ἀγάπην εἶχον οἱ προφῆται καὶ διὰ τοῦτο
χαλκὸς ἦσαν ἠχοῦντες, ἢ ΚΥΜΒΑΛΟΝ ἀΛΑΛαζΟΝ, ἐπὶ τὸν ἦχον
25 αὐτῶν, ὡς ἐκεῖνοι εἰλήφασιν, ἀναπέμπει ὁ κύριος ὠφεληθη-
σομένους; οὐκ οἶδα δ᾽ ὅπως χωρὶς πάσης κατασκευῆς ἀπο-
φαίνεται τὴν φωνὴν οἰκειοτέραν οὖσαν τῷ λόγῳ λόγον
γίνεσθαι, ὡς καὶ τὴν γυναῖκα εἰς ἄνδρα μετατίθεσθαι.

The usage may well have sprung
from Rom. i. 20 τὰ γὰρ ἀόρατα αὐ-
τοῦ ἀπὸ κτίσεως κόσμου τοῖς ποιήμασιν
νοούμενα καθορᾶται. We may com-
pare also Origen's own use, *Comm.
in Ioann.* xx. 12, οὐκ ἔστιν ὅτε ὁ κατὰ
τὸν Ἰησοῦν τροπικῶς νοούμενος ἄνθρω-
πος οὐκ ἐπεδήμει τῷ βίῳ, and *Ibid.*
xx. 29, μόνου τοῦ κατὰ τὸν Σωτῆρα
νοουμένου ἀνθρώπου ἀρχήθεν ἦν φωνή.
8. ἦχος] With the implied dis-
paragement of the Prophets may be
compared Hippolytus, *Refut.* vi. 35,
πάντες οὖν οἱ προφῆται καὶ ὁ νόμος
ἐλάλησαν ἀπὸ τοῦ δημιουργοῦ, μωροῦ
λέγει θεοῦ μωροὶ οὐδὲν εἰδότες. He-
racleon's explanation of λόγος, φωνή,
ἦχος, and the possibility of a change
from one to the other, is obscure.
It may point to some theory of a
gradual revelation culminating in

that of the Σωτήρ (cf. Irenaeus, I.
vii. 3). All the Valentinian sects
recognized to some extent the reve-
lation of the Old Testament: pos-
sibly Heracleon did so to a greater
extent than most. Cf. Frag. 20,
where the Jews are placed above
πάντες οἱ πρὸ νόμου καὶ οἱ ἐθνικοί.
28. μετατίθεσθαι] The '*Vermänn-
lichung*' of the female was taught
in the Anatolic School. Cf. *Ex-
cerpta ex Theodoto*, § 21, τὰ οὖν ἀρρε-
νικὰ μετὰ τοῦ λόγου συνεστάλη, τὰ θη-
λυκὰ δὲ ἀπανδρωθέντα ἑνοῦται τοῖς
ἀγγέλοις καὶ εἰς πλήρωμα χωρεῖ· διὰ
τοῦτο ἡ γυνὴ εἰς ἄνδρα μετατίθεσθαι
λέγεται, καὶ ἡ ἐνταῦθα ἐκκλησία εἰς
ἀγγέλους, where by λέγεται are in-
troduced words very similar to those
of Heracleon.
We should also compare with δού-

καὶ ὡς ἐξουσίαν ἔχων τοῦ δογματίζειν καὶ πιστεύεσθαι καὶ
προκόπτειν, τῷ ἤχῳ φησὶν ἔσεσθαι τὴν εἰς φωνὴν μετα- 30
βολήν, μαθητοῦ μὲν χώραν διδοὺς τῇ μεταβαλλούσῃ εἰς
λόγον φωνῇ, δούλου δὲ τῇ ἀπὸ ἤχου εἰς φωνήν· καὶ εἰ μὲν
ὅπως ποτὲ πιθανότητα ἔφερεν ἐπὶ τῷ αὐτὰ κατασκευάσαι,
κἂν ἠγωνισάμεθα περὶ τῆς τούτων ἀνατροπῆς, ἀρκεῖ δὲ εἰς
ἀνατροπὴν ἡ ἀπαραμύθητος ἀπόφασις. ὅπερ δὲ ὑπερεθέ- 35
μεθα ἐν τοῖς πρὸ τούτων ἐξετάσαι, πῶς κεκίνηται, νῦν φέρε
διαλάβωμεν. ὁ μὲν γὰρ Σωτήρ, κατὰ τὸν Ἡρακλέωνα,
φησὶν αὐτὸν καὶ προφήτην καὶ Ἠλίαν, αὐτὸς δὲ ἑκάτερον
τούτων ἀρνεῖται. καὶ προφήτην μὲν καὶ Ἠλίαν ὁ Σωτὴρ
ἐπὰν αὐτὸν λέγῃ, οὐκ αὐτὸν ἀλλὰ τὰ περὶ αὐτοῦ, φησί, 40
διδάσκει, ὅταν δὲ μείζονα προφητῶν καὶ ἐν γεννητοῖς
γυναικῶν, τότε αὐτὸν τὸν Ἰωάννην χαρακτηρίζει.
αὐτὸς δέ, φησί, περὶ ἑαυτοῦ ἐρωτώμενος ἀποκρίνεται
ὁ Ἰωάννης, οὐ τὰ περὶ αὐτόν· ὅσην δὲ βάσανον ἡμεῖς
περὶ τούτων κατὰ τὸ δυνατὸν πεποιήμεθα, οὐδὲν ἀπαρα- 45
μύθητον ἐῶντες τῶν λεγομένων ὅρων συγκρῖναι τοῖς ὑπὸ
Ἡρακλέωνος, ἅτε οὐκ ἐξουσίαν ἔχοντος τοῦ λέγειν ὃ βούλεται,
ἀποφανθεῖσι. πῶς γὰρ ὅτι περὶ τῶν περὶ αὐτόν ἐστι τὸ

32 φωνῇ] φωνὴν ἤ.   34 ἠγωνισάμεθα] ἠγωνισόμεθα.

λου δὲ κ.τ.λ. a passage in the *Excerpta*, § 57, τοῦ μὲν, μόρφωσις τοῦ πνευματικοῦ, τοῦ δὲ, μετάθεσις τοῦ ψυχικοῦ ἐκ δουλείας εἰς ἐλευθερίαν. In the preceding section the allegory of Gal. iv. is interpreted by making Israel represent ὁ πνευματικός, and (apparently) the children of the bondwoman correspond to the ψυχικοί (cf. ὁτὰν οὖν τὰ ψυχικὰ ἐγκεντρίσθῃ). Thus the φωνή here may represent the πνευματικοί who are given as νύμφαι to the angels, while ἦχος corresponds to the ψυχικοί. But it is dangerous to pursue such hints at interpretation into too great detail. The *Excerpta* offer yet another parallel in § 79, "Ἕως οὖν ἀμόρφωτον, φασίν, ἔτι τὸ σπέρμα, θηλείας ἐστὶ τέκνον· μορφωθὲν δὲ μετετέθη εἰς ἄνδρα.

32. φωνῇ] The φωνὴν ἢ of the

MS. is impossible. The alteration of Cod. *Venetus* φωνῇ ἢ is so far right that it gives the required dative. But the conjecture contained in the margin of Cod. *Bodleianus* is right, τάχα τὸ *ἤ παρέλκει. We may without hesitation adopt the reading φωνῇ.

48. περὶ τῶν περὶ αὐτόν] The omission of τῶν περὶ in the Editions is due to its erroneous omission in Cod. *Regius*, where however a later hand has inserted τὰ περὶ *inter lineas*. The words are necessary to the context, as Heracleon has shortly before classed the assertions τὸ Ἠλίαν αὐτὸν καὶ προφήτην εἶναι among the τὰ περὶ αὐτοῦ as opposed to those by which αὐτὸν τὸν Ἰωάννην χαρακτηρίζει. The περὶ τῶν is perhaps awkward, but it is exactly parallel to the succeeding περὶ

THE EXTANT FRAGMENTS OF HERACLEON. 59

Ἠλίαν αὐτὸν καὶ προφήτην εἶναι, καὶ περὶ αὐτοῦ τὸ
50 φωνὴν αὐτὸν εἶναι Βοῶντος ἐν τῇ ἐρήμῳ, οὐδὲ κατὰ τὸ
τυχὸν πειρᾶται ἀποδεικνύναι· ἀλλὰ χρῆται παραδείγματι,
ὅτι Τὰ περὶ αὐτὸν οἱονεὶ ἐνδύματα ἦν ἕτερα αὐτοῦ,
καὶ οὐκ ἂν ἐρωτηθεὶς περὶ τῶν ἐνδυμάτων, εἰ αὐτὸς
εἴη τὰ ἐνδύματα, ἀπεκρίθη ἂν τὸ Ναί. πῶς γὰρ
55 ἐνδύματα τὸ εἶναι τόν Ἠλίαν τὸν μέλλοντα ἔρχεσθαί ἐστιν Mt. xi. 14.
Ἰωάννου, οὐ πάνυ τι κατ' αὐτὸν θεωρῶ· τάχα καθ' ἡμᾶς,
ὡς δεδυνήμεθα διηγησαμένους τό ἐν πνεύματι καὶ δυνάμει Lc. i. 17.
Ἠλίου, δυναμένου πως λέγεσθαι τοῦτο τὸ πνεῦμα Ἠλίου
ἐν δυνάμει εἶναι τῆς Ἰωάννου ψυχῆς. θέλων δ' ἔτι παρα-

59 θέλων δ' ἔτι] θέλοντες.

αὐτοῦ. Ferrarius had the true text before him in *Cod. Venetus*, but he has missed the point of the passage by putting the following 'Vox clamantis' in the same class as 'Propheta.'

55. The absence of ἐστὶν in the Editions is due to another error in *Cod. Regius*.

59. ἐν δυνάμει εἶναι] It is hard to get any satisfactory meaning out of these words, or to see how they can be an interpretation of ἐν πνεύματι καὶ δυνάμει Ἠλίου. Thorndike conjectures ἔνδυμα εἶναι. This suits very well the context in which the words stand.

θέλων δ' ἔτι] The reading θέλοντες, which is found in *Cod. Monacensis*, is corrupt, and the insertion of δὲ by *Cod. Venetus* does not restore the true text. The subsequent λέγοι τό cannot be right. For a similarly impossible optative which has been allowed to remain, cf. Origen *Comm. in Ioann.* xiii. 59, εἴη φύσις τῆς ἰάσεως γενομένη τῷ οἰκείῳ τῆς ἀναπαύσεως ἀριθμῷ. The scribe of *Cod. Regius* has probably stumbled by an itacism on the right reading, λέγει τό. If this be so, a nominative singular participle and a connecting particle are required, and θέλων δὲ, or more probably θέλων δ' ἔτι, would seem best to fulfil the required conditions. The introduction of a fresh stricture by means of ἔτι δὲ is characteristic of Origen; δὲ alone is hardly strong enough to suit the context; cf. ii. 8, xiii. 51, and just below, ἔτι δὲ οὐ μόνος Ἡρακλέων κ.τ.λ. And the following sentence οὐ κακῶς μὲν...οὐ πάνυ δὲ ἐξητασμένως is so thoroughly in the style of Origen's criticisms of his opponent, that the passage must surely contain a piece of Heracleon's Commentary. For the exact phrase compare Origen *c. Celsum* iv. 88 (*Philocalia* xx. L. xxv. 150) θέλων δ' ἔτι διὰ πλειόνων...ἀποφῆναι, where Origen states the argument of Celsus before he proceeds to refute it. If the Ω of ΘΕΛΩΝΔΕΤΙ was corrupted by itacism to O, the letters ΟΝΔΕΤΙ might easily become ΟΝΤΕϹ in the hands of a scribe who did not pay great heed to the context. Hilgenfeld has naturally omitted the passage in his collection of the Fragments, but there were not the same reasons for omitting the next sentence καὶ πάλιν κ.τ.λ. where the λέγει can only refer to Heracleon. The proposed alterations restore the

60 THE EXTANT FRAGMENTS OF HERACLEON.

στῆσαι, διὰ τί ἱερεῖς καὶ Λευῖται οἱ ἐπερωτῶντες ἀπὸ τῶν 60
Ἰουδαίων πεμφθέντες εἰσὶν, οὐ κακῶς μὲν λέγει τό "Ὅτι
τούτοις προσῆκον ἦν περὶ τούτων πολυπραγμονεῖν
καὶ πυνθάνεσθαι, τοῖς τῷ θεῷ προσκαρτεροῦσιν, οὐ
πάνυ δὲ ἐξητασμένως τό "Ὅτι καὶ αὐτὸς ἐκ τῆς Λευϊτικῆς
φυλῆς ἦν, ὥσπερ προαποροῦντες ἡμεῖς ἐξητάσαμεν, ὅτι εἰ 65
ᾔδεισαν τὸν Ἰωάννην οἱ πεμφθέντες καὶ τὴν γένεσιν αὐτοῦ,
πῶς χώραν εἶχον πυνθάνεσθαι περὶ τοῦ εἰ αὐτὸς Ἠλίας

Jo. i. 21. ἐστίν; καὶ πάλιν ἐν τῷ περὶ τοῦ εἰ ὁ προφήτης εἶ σύ, μηδὲν
ἐξαίρετον οἰόμενος σημαίνεσθαι κατὰ τὴν προσθήκην τοῦ
ἄρθρου, λέγει ὅτι Ἐπηρώτησαν εἰ προφήτης εἴη, τὸ 70
κοινότερον βουλόμενοι μαθεῖν. ἔτι δὲ οὐ μόνος Ἡρα-
κλέων, ἀλλὰ ὅσον ἐπ' ἐμῇ ἱστορίᾳ καὶ πάντες οἱ ἑτερόδοξοι,
εὐτελῆ ἀμφιβολίαν διαστείλασθαι μὴ δεδυνημένοι, μείζονα
Ἡλίου καὶ πάντων τῶν προφητῶν τὸν Ἰωάννην ὑπειλήφασι

Lc. vii. 28. διὰ τὸ Μείζων ἐν γεννητοῖς γυναικῶν Ἰωάννου οὐδείς ἐστιν, 75
Cf. Mt. xi. 11. οὐχ ὁρῶντες ὅτι ἀληθές τό Οὐδεὶς μείζων Ἰωάννου ἐν γεννη-
τοῖς γυναικῶν διχῶς γίνεται, οὐ μόνον τῷ αὐτὸν εἶναι πάντων
μείζονα, ἀλλὰ καὶ τῷ ἴσους αὐτῷ εἶναί τινας· ἀληθὲς γὰρ,
ἴσων ὄντων αὐτῷ πολλῶν προφητῶν, κατὰ τὴν δεδομένην
αὐτῷ χάριν τό Μηδένα τούτου μείζονα εἶναι. οἴεται δέ κατα- 80
σκευάζεσθαι τὸ μείζονα τῷ προφητεύεσθαι ὑπὸ

61 πεμφθέντες] Hic male laesus est codex, videtur autem plus x litteras habuisse; Cod. Ven. habet οἱ πεμφθ. κατασκευάζεσθαι] τὸ κατασκευάζεσθαι. in mg. εἶναι.

λέγει τό] λέγοι τό. 80, 81 τῷ] om. codex; addito, ut videtur,

grammar of the sentence, and make the passage a continuous and consistent whole.
61. πεμφθέντες] Whether Cod. Monac. read οἱ πεμφθέντες or not is uncertain, but in any case the article can hardly be retained.
75. μείζων] It is uncertain whether Heracleon omitted the προφήτης of the Received Text as well as Origen, or not; but the subsequent mention of Josiah in Origen's refutation of Heracleon's Comment makes it highly probable that he did so.

80. Delarue, reading οἴεται δὲ τὸ κατασκευάζεσθαι τὸ μείζονα εἶναι προφητεύεσθαι, remarks, 'nos sanam restituimus lectionem e codice Bodleiano'; but his text seems hardly satisfactory. After making the conjecture which has been introduced into the text, I find that the same has been proposed by Thorndike in the margin of his transcript of Cod. Bodleianus. The insertion or omission of εἶναι, which appears to have been added in the margin of Cod. Monacensis, is a matter of no importance.

Ἡσαΐου, ὡς μηδενὸς ταύτης τῆς τιμῆς ἠξιωμένου ὑπὸ θεοῦ τῶν πώποτε προφητευσάντων. ἀληθῶς δ' ὡς καταφρονῶν τῆς παλαιᾶς χρηματιζούσης διαθήκης, καὶ μὴ
85 τηρήσας καὶ αὐτὸν Ἠλίαν προφητευόμενον, τοῦτ' ἀπετόλμησεν εἰπεῖν· καὶ γὰρ Ἠλίας προφητεύεται ὑπὸ Μαλαχίου λέγοντος Ἰδοὺ ἀποστέλλω ὑμῖν Ἠλίαν τὸν Θεσβίτην, ὃς ἀπο- Mal. iii. καταστήσει καρδίαν πατρὸς πρὸς υἱόν.......καὶ ταῦτα δὲ εἰς 23(iv. 4 f.). ἔλεγχον τῆς προπετείας τοῦ ἀποφηναμένου Μηδένα πλὴν
90 Ἰωάννου προφητεύεσθαι εἰρήσθω, ταῦτα εἰρηκότος ἐν τῷ θέλειν αὐτὸν διηγεῖσθαι τί τό Ἐγὼ φωνὴ βοῶντος ἐν τῇ Jo. i. 23. ἐρήμῳ.

89 προπετείας] ex coniectura Ruaei; cod. habet προφητείας.

6. *Ibid.* vi. 13 (R. IV. 125; L. I. 213).

Χριστὸς οὖν ἐν ὕδατι οὐ βαπτίζει, ἀλλ' οἱ μαθηταὶ αὐτοῦ, Jo. iv. 2.
ἑαυτῷ δὲ τηρεῖ τό τῷ ἁγίῳ πνεύματι βαπτίζειν καὶ πυρί· Cf. Mt. iii.
παραδεξάμενος δὲ ὁ Ἡρακλέων τὸν τῶν Φαρισαίων λόγον, 11;
ὡς ὑγιῶς εἰρημένον περὶ τοῦ ὀφείλεσθαι τὸ βαπτίζειν Χριστῷ Lc. iii. 16.
5 καὶ Ἠλίᾳ καὶ παντὶ προφήτῃ, αὐταῖς λέξεσί φησιν Οἷς μόνοις ὀφείλεται τὸ βαπτίζειν, καὶ ἐκ τῶν εἰρημένων μὲν ἡμῖν ἔναγχος ἐλεγχόμενος, μάλιστα δὲ ὅτι κοινότερον τὸν προφήτην νενόηκεν· οὐ γὰρ ἔχει δεῖξαί τινα τῶν προφητῶν βαπτίσαντα. οὐκ ἀπιθάνως δέ φησι πυνθάνεσθαι
10 τοὺς Φαρισαίους κατὰ τὴν αὐτῶν πανουργίαν, οὐχὶ ὡς μαθεῖν θέλοντας.

7 ὅτι] ὅτε.

6. 7. κοινότερον] By failing to notice the distinction between ὁ προφήτης and προφήτης. Cf. Frag. 4, ἔλαθε δὲ τοὺς πολλοὺς ἡ διαφορά...ὡς καὶ τὸν Ἡρακλέωνα, and Frag. 5, μηδὲν ἐξαίρετον οἰόμενος σημαίνεσθαι κατὰ τὴν προσθήκην τοῦ ἄρθρου. Heracleon, in the words which follow this last passage, seems to use the word κοινότερον in a different sense.

7. *Ibid.* vi. 15 (R. IV. 130; L. I. 222).

Jo. i. 26, 27.

Ἀπεκρίνατο αὐτοῖς ὁ Ἰωάννης λέγων Ἐγὼ Βαπτίζω ἐν ὕδατι· μέσος [δὲ] ὑμῶν ἕστηκεν ὃν ὑμεῖς οὐκ οἴδατε, [αὐτός ἐστιν ὁ] ὀπίσω μου ἐρχόμενος, [οὗ] οὐκ εἰμὶ ἐγὼ ἄξιος ἵνα λύσω αὐτοῦ τὸν ἱμάντα τοῦ ὑποδήματος. ὁ μὲν Ἡρακλέων οἴεται, ὅτι Ἀποκρίνεται ὁ Ἰωάννης τοῖς ἐκ τῶν Φαρισαίων πεμφθεῖσιν, οὐ 5 πρὸς ὃ ἐκεῖνοι ἐπηρώτων, ἀλλ' ὃ αὐτὸς ἐβούλετο, ἑαυτὸν λανθάνων ὅτι κατηγορεῖ τοῦ προφήτου ἀμαθίας, εἴ γε ἄλλο ἐρωτώμενος περὶ ἄλλου ἀποκρίνεται· χρὴ γὰρ καὶ τοῦτο φυλάττεσθαι ὡς ἐν κοινολογίᾳ ἁμάρτημα τύγχανον. ἡμεῖς δέ φαμεν ὅτι μάλιστα πρὸς ἔπος ἐστὶν ἡ ἀπόκρισις· πρὸς 10

Jo. i. 25.

γὰρ τό Τί οὖν Βαπτίζεις, εἰ σὺ οὐκ εἶ ὁ χριστός; τί ἄλλο ἐχρῆν εἰπεῖν, ἢ τὸ ἴδιον παραστῆσαι βάπτισμα σωματικώτερον τυγχάνον; Ἐγὼ γάρ, φησίν, Βαπτίζω ἐν ὕδατι· καὶ τοῦτο εἰπὼν πρὸς τό Τί οὖν Βαπτίζεις; πρὸς τὸ δεύτερον, Εἰ σὺ οὐκ εἶ ὁ χριστός, δοξολογίαν περὶ τῆς προηγουμένης οὐσίας Χριστοῦ 15 διηγεῖται, ὅτι δύναμιν τοσαύτην ἔχει, ὡς καὶ ἀόρατος εἶναι τῇ θειότητι αὐτοῦ, παρὼν παντὶ ἀνθρώπῳ, παντὶ δὲ καὶ ὅλῳ τῷ κόσμῳ συμπαρεκτεινόμενος· ὅπερ δηλοῦται διὰ τοῦ Μέσος ὑμῶν ἕστηκεν.

2 δὲ] ins. intra lineas.   αὐτός ἐστιν ὁ] om. in txt. sed in mg. add. pr. man.   3 οὗ] ins. intra lineas.   7 λανθάνων] μανθάνων.

11 Τί οὖν] ins. intra lineas.   τί ἄλλο ἐχρῆν] τί ἄλλοις χρῆν (sic).

12 τό] τὲ (sic).

7. 1. ἀπεκρίνατο] There is other authority for this reading, LT^bU and some cursives (vid. Tischendorf, *in loc.*). I have retained the δὲ and the αὐτός ἐστιν ὁ, as they are added apparently *prima manu*. But when other similar phenomena in this MS. are taken into consideration it appears more than probable that they were not in the MS. from which it was copied. Thus one of the three references to Origen in Tischendorf's critical note must in all probability be omitted, as also one of those quoted in support of the insertion of δὲ.

12. The τὲ τὸ of the Editions is due to the scribe of *Cod. Regius*, who inserted both the error and its correction which he found in his exemplar.

THE EXTANT FRAGMENTS OF HERACLEON. 63

8. *Ibid.* vi. 23 (R. IV. 138; L. I. 234).

Ὁ δὲ Ἡρακλέων τό Μέcοc ὑμῶν cτήκει φησὶν ἀντὶ τοῦ Jo. i. 26.
Ἤδη πάρεστι καὶ ἔστιν ἐν τῷ κόσμῳ καὶ ἐν ἀνθρώπῳ
καὶ ἐμφανής ἐστιν ἤδη πᾶσιν ὑμῖν. διὰ τούτων δὲ
περιαιρεῖ τὸ παρασταθὲν περὶ τοῦ διαπεφοιτηκέναι αὐτὸν δι'
5 ὅλου τοῦ κόσμου. λεκτέον γὰρ πρὸς αὐτόν· πότε γὰρ οὐ
πάρεστιν; πότε δὲ οὐκ ἔστιν ἐν τῷ κόσμῳ; καὶ ταῦτα τοῦ
·εὐαγγελίου λέγοντος Ἐν τῷ κόcμῳ ἦν, καὶ ὁ κόcμοc δι' αὐτοῦ Jo. i. 10.
ἐγένετο. καὶ διὰ τοῦτο καὶ οὗτοι, πρὸς οὓς ὁ λόγος ὁ Ὤν Jo. i. 26.
ὑμεῖc οὐκ οἴδατε, οὐκ οἴδασιν αὐτόν, ἐπεὶ οὐδέπω τοῦ κόσμου
10 ἐξεληλύθασιν, Ὁ δὲ κόcμοc αὐτὸν οὐκ ἔγνω. ποῖον δὲ χρόνον Jo. i. 10.
διέλειπε τοῦ ἐν ἀνθρώπῳ εἶναι; ἢ οὐκ ἐν Ἠσαΐᾳ ἦν, λέγοντι
Πνεῦμα κυρίου ἐπ' ἐμέ, οὗ εἵνεκεν ἔχρισέ με· καί Ἐμφανὴς Is. lxi. 1.
ἐγενόμην τοῖc ἐμὲ μὴ ζητοῦcι; λεγέτωσαν δὲ εἰ μὴ καὶ ἐν Is. lxv. 1. Cf. Ro. x.
Δαβὶδ ἦν, οὐκ ἀφ' αὑτοῦ λέγοντι Ἐγὼ δὲ κατεcτάθην βαcιλεύc 20. Ps. ii. 6.
15 ὑπ' αὐτοῦ ἐπὶ Cιὼν ὄροc τὸ ἅγιον αὐτοῦ, καὶ ὅσα ἐκ προσώπου
Χριστοῦ ἐν ψαλμοῖς ἀναγέγραπται. καὶ τί με δεῖ καθ' ἕκαστον
ἀποδεικνύναι δυσεξαρίθμητον ὄντως, παραστῆσαι ἐναργῶς
δυνάμενον, ὅτι ἀεὶ ἐν ἀνθρώπῳ ἦν, πρὸς τὸ ἐλέγξαι οὐχ ὑγιῶς
εἰρημένον τό Ἤδη πάρεστι καὶ ἔστιν ἐν κόσμῳ καὶ ἐν
20 ἀνθρώπῳ εἰς διήγησιν παρὰ τῷ Ἡρακλέωνι τοῦ Μέcοc ὑμῶν Jo. i. 26.
ἕcτηκεν; οὐκ ἀπιθάνως δὲ παρ' αὐτῷ λέγεται ὅτι τό Ὀπίcω
μου ἐρχόμενοc τὸ πρόδρομον εἶναι τὸν Ἰωάννην τοῦ
Χριστοῦ δηλοῖ· ἀληθῶς γὰρ ὡσπερεὶ οἰκέτης ἐστὶ προ-
τρέχων τοῦ κυρίου. πολὺ δὲ ἁπλούστερον τό Οὐκ εἰμὶ ἄξιοc Jo. i. 27.
25 ἵνα λύcω αὐτοῦ τὸν ἱμάντα τοῦ ὑποδήματοc ἐξείληφεν, ὅτι οὐδὲ
τῆς ἀτιμοτάτης ὑπηρεσίας τῆς πρὸς Χριστὸν ἄξιος
εἶναι διὰ τούτων ὁ βαπτιστὴς ὁμολογεῖ. πλὴν μετὰ

18 δυνάμενον] δυναμένω.

8. 12, 13. ἐμφανὴς ἐγενόμην] The quotation does not agree exactly with the LXX., which has Ἐμφανὴς ἐγενήθην τοῖς ἐμὲ μὴ ἐπερωτῶσιν, εὑρέθην τοῖς ἐμὲ μὴ ζητοῦσιν. In Romans the clauses are transposed, and S. Paul has ἐγενόμην. The exact form is found in two Latin MSS. (d, e) and in

Hilary and Ambrosiaster.
17. δυσεξαρίθμητον ὄντως] An awkward phrase, but the correction in Cod. Venetus δυσεξαρίθμητον ὄντος is no better. It has been plausibly suggested that we should read δυσεξαρίθμητων ὄντων τῶν παραστῆσαι ἐναργῶς δυναμένων.

ταύτην τὴν ἐκδοχὴν οὐκ ἀπιθάνως ὑποβέβληκε τό Οὐκ ἐγὼ εἰμὶ ἱκανός, ἵνα δι' ἐμὲ κατέλθῃ ἀπὸ μεγέθους καὶ σάρκα λάβῃ ὡς ὑπόδημα, περὶ ἧς ἐγὼ λόγον ἀπο- 30 δοῦναι οὐ δύναμαι, οὐδὲ διηγήσασθαι, ἢ ἐπιλῦσαι τὴν περὶ αὐτῆς οἰκονομίαν· ἁδρότερον δὲ καὶ μεγαλοφυέστερον ὁ αὐτὸς Ἡρακλέων κόσμον τὸ ὑπόδημα ἐκδεξάμενος, μετέστη ἐπὶ τὸ ἀσεβέστερον ἀποφήνασθαι ταῦτα πάντα δεῖν ἀκούεσθαι καὶ περὶ τοῦ προσώπου 35 τούτου διὰ τοῦ Ἰωάννου νοουμένου. οἴεται γάρ τὸν δημιουργὸν τοῦ κόσμου, ἐλάττονα ὄντα τοῦ Χριστοῦ, τοῦτο ὁμολογεῖν διὰ τούτων τῶν λέξεων, ὅπερ ἐστὶ πάντων ἀσεβέστατον· ὁ γὰρ πέμψας αὐτὸν πατήρ, ὁ τῶν ζώντων θεός, ὡς αὐτὸς Ἰησοῦς μαρτυρεῖ, τοῦ Ἀβραὰμ καὶ τοῦ 40 Ἰσαὰκ καὶ τοῦ Ἰακώβ, ὁ διὰ τοῦτο κύριος τοῦ οὐρανοῦ καὶ τῆς γῆς, ὅτι πεποίηκεν αὐτά, οὗτος καὶ μόνος ἀγαθός, καὶ μείζων τοῦ πεμφθέντος· εἰ δὲ καί, ὡς προειρήκαμεν, ἁδρότερον νενόηται καί πᾶς ὁ κόσμος ὑπόδημα εἶναι τοῦ Ἰησοῦ τῷ Ἡρακλέωνι, ἀλλ' οὐκ οἶμαι δεῖν συγκατατίθεσθαι. 45

Mt. xxii. 32.
Cf. Lc. xviii. 19.
Jo. xiv. 28.

35 προσώπου] Cod. Bodleianus habet in margine τάχα λείπει τοῦ δημιουργοῦ, post quod, alia manu, καλῶς ἔχει. 43 προειρήκαμεν] προσειρήκαμεν.

29. κατέλθῃ] This passage agrees with Heracleon's Italic position. Cf. Hippolytus *Refut.* vi. 35, ψυχικὸν φασὶ τὸ σῶμα τοῦ Ἰησοῦ γεγονέναι καὶ διὰ τοῦτο ἐπὶ τοῦ βαπτίσματος τὸ πνεῦμα ὡς περιστερὰ κατελήλυθε. For μέγεθος cf. Irenaeus I. xiii. 3.

30. ὑπόδημα] May we see in the interpretation of ὑπόδημα as κόσμος, a groping after the idea of the Lord having taken 'humanity' upon Himself, though only as a ὑπόδημα which the Λόγος laid aside?

35. The suggestion of the margin of the Bodleian deserves attention. But τούτου is unnecessary, and perhaps τοῦ δημιουργοῦ should be substituted for it; or should we read τοῦ θεοῦ instead of it? In this case we must suppose that Origen wrote θεοῦ where we should have expected δημιουργοῦ, which was probably what Heracleon's *ipsissima verba* contained, in order to emphasize the impiety (ἐπὶ τὸ ἀσεβέστερον) of Heracleon's interpretation. But τούτου is not impossible.

36. νοουμένου] See Frag. 5 (note).

37. ἐλάττονα ὄντα] We may perhaps compare Hipp. *Refut.* vi. 36, ἔγνω (ὁ δημιουργὸς) διδαχθεὶς ὑπὸ τῆς σοφίας τὸν κρείττονα, though there the reference is to the Father Himself. In the fulness of time the Demiurge is made to confess before men his superior; hitherto he has kept secret the mystery of the aeons revealed to him by Sophia. Cf. also Frag. 40 (Orig. xiii. 59) ὅτι εὔπιστος ὁ δημιουργός.

9. *Ibid.* vi. 24 (R. IV. 140; L. I. 237).

Ταῦτα ἐν Βηθαβαρᾷ ἐγένετο πέραν τοῦ Ἰορδάνου, ὅπου ἦν Jo. i. 28.
Ἰωάννης βαπτίζων. ὅτι μὲν σχεδὸν ἐν πᾶσι τοῖς ἀντιγράφοις κεῖται Ταῦτα ἐν Βηθανίᾳ ἐγένετο οὐκ ἀγνοοῦμεν, καὶ ἔοικε τοῦτο καὶ ἔτι πρότερον γεγονέναι· καὶ παρὰ Ἡρακλέωνι
5 γοῦν Βηθανίαν ἀνέγνωμεν.

1 Βηθαβαρᾷ] Βηθαρά.   ἐγένετο] bis.

10. *Ibid.* vi. 38 (R. IV. 159; L. I. 271).

Πάλιν ἐν τῷ τόπῳ ὁ Ἡρακλέων γενόμενος, χωρὶς πάσης κατασκευῆς καὶ παραθέσεως μαρτυριῶν ἀποφαίνεται, ὅτι τὸ μέν Ἀμνὸς τοῦ θεοῦ ὡς προφήτης φησὶν ὁ Ἰωάννης, Jo. i. 29.
τὸ δέ Ὁ αἴρων τὴν ἁμαρτίαν τοῦ κόσμου ὡς περισσότερον Lc. vii. 26.
5 προφήτου. καὶ οἴεται τὸ μὲν πρότερον περὶ τοῦ σώματος αὐτοῦ λέγεσθαι, τὸ δὲ δεύτερον περὶ τοῦ ἐν τῷ σώματι, τῷ τὸν ἀμνὸν ἀτελῆ εἶναι ἐν τῷ τῶν προβάτων γένει, οὕτω δὲ καὶ τὸ σῶμα παραθέσει τοῦ ἐνοικοῦντος αὐτῷ. τὸ δὲ τέλειον εἰ ἐβούλετο, φησὶ,
10 τῷ σώματι μαρτυρῆσαι, κριὸν εἶπεν ἂν τὸ μέλλον θύεσθαι. οὐχ ἡγοῦμαι δὲ εἶναι ἀναγκαῖον μετὰ τηλι-

10 σώματι] σῶμα τό.   εἶπεν ἂν τὸ] εἰπεῖν αὐτό.

9. 1. Since *Cod. Monac.* a few lines lower down reads Βηθαβαρά, we must probably conclude that Βηθαρά is due to the scribe's error, arising from the omission of βα between two very similar syllables. At the same time it should be noticed that the reading Βηθαρά is found in a Syriac MS. (See Tischendorf *in loc.* (Syr. p. assem. 2. Or. 4. 140, 142, 280).

As bearing on Tischendorf's note it may be well to state that while *Cod. Monac.* reads Βηθαβαρά in the second instance where the word occurs on p. 140 (of Delarue's fourth volume, as quoted by Tischendorf), *Codd. Ven. et Bodl.* read Βηθαρά in both places. On p. 142 *Cod. Monac.* reads Βηθαβαρά, on p. 280 (*Comm. in Ioann.* xiii. 60) Βηθαρά. On Heracleon's Biblical text, see the note on p. 74 (Frag. 18, Jo. iv. 17).

10. 6, 7. τοῦ ἐν τῷ σώματι] This in conjunction with Frag. 8 establishes Heracleon's 'Italic' position, which otherwise could not be very clearly proved from the Fragments. Cf. Hippolytus (*Refut.* vi. 35), γέγονε τῷ ψυχικῷ, κ.τ.λ.

B.   5

καύτας γεγενημένας ἐξετάσεις τευτάζειν περὶ τὸν τόπον, ἀγωνιζόμενος πρὸς τὰ εὐτελῶς ὑπὸ τοῦ Ἡρακλέωνος εἰρημένα· μόνον δὲ τοῦτο ἐπισημειωτέον, ὅτι ὥσπερ μόγις

Ph. ii. 7. ἐχώρησεν ὁ κόσμος τὸν κενώcαντα ἑαγτόν, οὕτως ἀμνοῦ καὶ 15 οὐ κριοῦ ἐδεήθη, ἵνα ἀρθῇ αὐτοῦ ἡ ἁμαρτία.

13 ἀγωνιζόμενος] ἀγωνιζομένους.

11. *Ibid.* x. 9 (R. IV. 170; L. I. 291).

Jo. ii. 12. Ὁ μέντοι γε Ἡρακλέων τὸ Μετὰ τοῦτο κατέβη εἰς Καφαρναούμ αὐτὸς διηγούμενος "Ἄλλης πάλιν οἰκονομίας ἀρχὴν, φησὶ, δηλοῦσθαι, οὐκ ἀργῶς τοῦ Κατέβη εἰρημένου· καί φησι τὴν Καφαρναοὺμ σημαίνειν ταῦτα τὰ ἔσχατα τοῦ κόσμου, ταῦτα τὰ ὑλικὰ εἰς ἃ κατῆλθε, καὶ διὰ τὸ 5 ἀνοίκειον, φησὶν, εἶναι τὸν τόπον, οὐδὲ πεποιηκώς τι λέγεται ἐν αὐτῇ ἢ λελαληκώς. εἰ μὲν οὖν μηδὲ ἐν τοῖς λοιποῖς εὐαγγελίοις πεποιηκώς τι ἢ λελαληκὼς ἐν τῇ Καφαρναοὺμ ὁ κύριος ἡμῶν ἀνεγέγραπτο, τάχα ἂν ἐδιστάξαμεν περὶ τοῦ παραδέξασθαι αὐτοῦ τὴν ἑρμηνείαν. νυνὶ δὲ ὁ 10

Mt. iv. 13, μὲν Ματθαῖος Καταλιπόντα φησὶ τὸν κύριον ἡμῶν τὴν Ναζαρά, 17. ἐλθόντα κατῳκηκέναι εἰς Καφαρναοὺμ τὴν παραθαλαccίαν, καὶ ἀπὸ τότε ἀρχὴν τοῦ κηρύccειν πεποιῆσθαι λέγοντα Μετανοεῖτε, ἤγγικε γὰρ ἡ Βαcιλεία τῶν οὐρανῶν......ταῦτα δὲ πάντα περὶ τῶν ἐν Καφαρναοὺμ τῷ Σωτῆρι εἰρημένων καὶ πε- 15 πραγμένων παρεστήσαμεν ὑπὲρ τοῦ ἐλέγξαι τὴν Ἡρακλέωνος ἑρμηνείαν, λέγοντος Διὰ τοῦτο οὐδὲ πεποιηκώς τι λέγεται ἐν αὐτῇ ἢ λελαληκώς. ἢ γὰρ δύο ἐπινοίας

10 παραδέξασθαι] περιδέξασθαι.

12. τευτάζειν] The τευ being hard to decipher, the scribe of *Cod. Ven.* conjectured ταυτίζειν, while the scribe of *Cod. Regius* contented himself with leaving a small lacuna before τάζειν. On the bearing of this, and the omission of αὐτοῦ ἡ ἁμαρτία, on the origin of *Cod. Regius*, see Introduction, p. 8.

11. 1 ff. For the interpretation of Capernaum cf. Frag. 40 (Orig. Comm. in Ioann. xiii. 59), τὸν δὲ ἐν Καφαρναοὺμ υἱὸν αὐτοῦ διηγεῖται τὸν ἐν τῷ ὑποβεβηκότι μέρει τῆς μεσότητος, τῷ πρὸς θάλασσαν, τουτέστι τῷ συνημμένῳ τῇ ὕλῃ. The whole passage there quoted is hardly consistent with the οὐδὲ πεποιηκὼς of the text: cf. a little further on, λέγει δὲ ὅτι καταβὰς πρὸς τὸν κάμνοντα.

διδότω καὶ αὐτὸς τῆς Καφαρναοὺμ καὶ παριστάτω καὶ πει-
20 σάτω ποίας, ἢ τοῦτο ποιῆσαι μὴ δυνάμενος ἀφιστάσθω τοῦ
λέγειν τὸν Σωτῆρα μάτην τινὶ τόπῳ ἐπιδεδημηκέναι· καὶ
ἡμεῖς δὲ, θεοῦ διδόντος, γενόμενοι κατὰ τὰ τοιαῦτα χωρία τῆς
συναναγνώσεως, ὅπου δόξαι ἂν μηδὲν ἠνυκέναι ἐπιδημήσας
χωρίοις τισὶ, πειρασόμεθα τὸ μὴ μάταιον τῆς ἐπιδημίας
25 αὐτοῦ τρανῶσαι.

21 τινὶ] τινὶ τῷ.   23 ὅπου...ἠνυκέναι] τοῦ δόξεὰν μηδὲν ἂν ἦν υκέναι (sic).

12. *Ibid.* x. 14 (R. IV. 179; L. I. 309).

Ὁ μέντοι γε Ἡρακλέων Αὕτη, φησὶν, ἡ μεγάλη ἑορτή· Cf. Jo. ii.
τοῦ γὰρ πάθους τοῦ Σωτῆρος τύπος ἦν, ὅτε οὐ μόνον [13]
ἀνῃρεῖτο τὸ πρόβατον, ἀλλὰ καὶ ἀνάπαυσιν παρεῖχεν
ἐσθιόμενον, καὶ θυόμενον τὸ πάθος τοῦ Σωτῆρος τὸ
5 ἐν κόσμῳ ἐσήμαινεν, ἐσθιόμενον δὲ τὴν ἀνάπαυσιν
τὴν ἐν γάμῳ. παρεθέμεθα δὲ αὐτοῦ τὴν λέξιν, ἵνα τὸ ὡς
ἐν τηλικούτοις ἀναστρέφειν τὸν ἄνδρα παρερριμμένως καὶ
ὑδαρῶς μετὰ μηδενὸς κατασκευαστικοῦ θεωρήσαντες, μᾶλλον
αὐτοῦ καταφρονήσωμεν.

4 τὸ πάθος] τοῦ πάθους.   5 ἐσήμαινεν] ἐσήμαινον.

23. ὅπου κ.τ.λ.} The reading of the MS. is corrupt, and the conjecture in *Cod. Venetus* τοῦ δοξάσῃς μηδὲν ἂν ἠνυκέναι is not helpful. The reading given in the text is the slightest alteration which will restore any sense.

12. 4. τὸ πάθος] a necessary correction of the MS. reading, which was made also by the scribe of *Cod. Venetus.*

5. τὴν ἀνάπαυσιν] Cf. *Excerpta ex Theodoto* § 63, ἡ μὲν οὖν τῶν πνευματικῶν ἀνάπαυσις ἐν κυριακῇ ἐν ὀγδοάδι... εἶτα τὸ δεῖπνον τῶν γάμων. Irenaeus I. vii. 1, τοὺς δὲ πνευματικοὺς...ἐντὸς πληρώματος εἰσελθόντας νύμφαις ἀποδοθήσεσθαι τοῖς περὶ τὸν Σωτῆρα ἀγγέλοις.

Unfortunately Hippolytus has said nothing about the eschatology of the system which he describes. Perhaps it did not come within his scope: his main object seems to have been to establish a case of Hellenising against each of the heretics whom he refutes. But no doubt some analogous γάμος completed the system: as the διόρθωσις of the πάθη of Sophia was accomplished by means of her marriage with the κοινὸς τοῦ πληρώματος καρπός, so the πνευματικοί would naturally receive the final διόρθωσις by γάμοι, no doubt with the λόγοι projected by Sophia and her σύζυγος.

68 THE EXTANT FRAGMENTS OF HERACLEON.

13. *Ibid.* x. 19 (R. IV. 194; L. I. 338).

Jo. ii. 14. Ἴδωμεν δὲ καὶ τὰ Ἡρακλέωνος, ὅς φησι Τὴν εἰς Ἱεροσόλυμα ἄνοδον σημαίνειν τὴν ἀπὸ τῶν ὑλικῶν εἰς τὸν ψυχικὸν τόπον, τυγχάνοντα εἰκόνα τῆς Ἱερουσαλήμ, ἀνάβασιν τοῦ κυρίου. τὸ δέ Εϒρεν ἐν τῷ ἱερῷ, καὶ οὐχὶ προνάῳ, οἴεται εἰρῆσθαι ὑπὲρ τοῦ μὴ τὴν κλῆσιν 5 μόνην νοηθῆναι τὴν χωρὶς πνεύματος βοηθεῖσθαι ὑπὸ τοῦ κυρίου· ἡγεῖται γὰρ τὰ μὲν ἅγια τῶν ἁγίων

Heb. ix. 7. εἶναι τὸ ἱερόν, εἰς ἃ μόνος ὁ ἀρχιερεὺς εἰσίει, ἔνθα οἶμαι αὐτὸν λέγειν τοὺς πνευματικοὺς χωρεῖν· τὰ δὲ τοῦ προνάου, ὅπου καὶ οἱ Λευῖται, σύμβολον εἶναι τῶν 10 ἔξω τοῦ πληρώματος ψυχικῶν εὑρισκομένων ἐν

Jo. ii. 14. σωτηρίᾳ. Πρὸς τούτοις τοὺς εϒρισκομένοϒc ἐν τῷ ἱερῷ πωλοῦντας Βόας καὶ πρόβατα καὶ περιστεράς, καὶ τοὺς καθημένοϒc κερματιστὰς ἐξεδέξατο λέγεσθαι ἀντὶ τῶν μηδὲν χάριτι διδόντων, ἀλλ' ἐμπο- 15

1 εἰς] om.   2 σημαίνειν] σημαίνει.   5 προνάῳ] τῶν ἄνω.

13. 1. εἰς has been rightly supplied by Cod. Bodleianus.

τὴν εἰς κ.τ.λ.] This sentence can only mean that the Lord's journey from Galilee to Jerusalem symbolises the journey from the ὑλικὰ (cf. Fragg. 12 and 40) to the ψυχικὸς τόπος, which τόπος is an εἰκὼν or image of the Jerusalem above. Cf. *Excerpta ex Theod.* § 59. If we compare this with Hippolytus we may deduce as a reasonable conjecture that Heracleon spoke of the Hebdomad, the abode of the Demiurge, as an εἰκὼν of the Ogdoad which was the abode of Sophia, or from another point of view was Sophia herself. This will account for the distinction between Ἱερουσαλήμ and Ἱεροσόλυμα which the mss. have faithfully preserved. Cf. Bishop Lightfoot's note on Gal. iv. 26. Perhaps in l. 3 we should read τῆς ἄνω Ἱερουσαλήμ.

5. προνάῳ] The τῶν ἄνω of the mss. is impossible. Neander's conjecture τῷ ναῷ is in the right direction, but should we not read προνάῳ (cf. l. 9, τὰ δὲ τοῦ προνάου)? Otherwise we must suppose, either that the meanings of ναὸς and ἱερὸν had been practically reversed by Heracleon's time, or that he was ignorant of their usage. And even then the change to προνάου in l. 9 would be awkward.

5, 6. The distinction of κλῆσις μόνη ἡ χωρὶς πνεύματος agrees with the division of men in Hipp. *Refut.* vi. 34, κατοικητήριον ποτὲ μὲν ψυχῆς μόνης...ποτὲ δὲ ψυχῆς καὶ λόγων. See also *Excerpta ex Theod.* § 58, δυνάμει τὴν ἐκκλησίαν ἀναλαβὼν τὸ ἐκλεκτὸν καὶ τὸ κλητόν, τὸ μὲν παρὰ τῆς τεκούσης τὸ πνευματικὸν, τὸ δὲ ἐκ τῆς οἰκονομίας τὸ ψυχικόν.

ρίαν καὶ κέρδος τὴν τῶν ξένων εἰς τὸ ἱερὸν εἴσοδον
νομιζόντων, τοῦ ἰδίου κέρδους καὶ φιλαργυρίας ἕνεκεν
τὰς εἰς τὴν λατρείαν τοῦ θεοῦ θυσίας χορηγούντων.
καὶ τὸ ΦΡΑΓΕΛΛΙΟΝ δὲ πεποιῆσθαι ἐκ σχοινίων ὑπὸ τοῦ Jo. ii. 15.
20 Ἰησοῦ, οὐχὶ παρ' ἄλλου λαβόντος, ἰδιοτρόπως ἀπαγγέλλει,
λέγων τὸ ΦΡΑΓΕΛΛΙΟΝ εἰκόνα τυγχάνειν τῆς δυνάμεως
καὶ ἐνεργείας τοῦ ἁγίου πνεύματος, ἐκφυσῶντος τοὺς
χείρονας· καί φησι Τὸ ΦΡΑΓΕΛΛΙΟΝ καὶ τὸ λίνον καὶ
τὴν σινδόνα καὶ ὅσα τοιαῦτα εἰκόνα τῆς δυνάμεως καὶ
25 τῆς ἐνεργείας εἶναι τοῦ ἁγίου πνεύματος. ἔπειτα
ἑαυτῷ προσείληφε τὸ μὴ γεγραμμένον, ὡς ἄρα εἰς ξύλον
ἐδέδετο τὸ φραγέλλιον, ὅπερ ξύλον τύπον ἐκλαβὼν εἶναι
τοῦ σταυροῦ, φησί Τούτῳ τῷ ξύλῳ ἀνηλῶσθαι καὶ
ἠφανίσθαι τοὺς κυβευτὰς ἐκπόρους καὶ πᾶσαν τὴν
30 κακίαν. καὶ οὐκ οἶδ' ὅπως φλυαρῶν φησιν ἐκ δύο τούτων
πραγμάτων φραγέλλιον κατασκευάζεσθαι, ζητῶν τὸ
ὑπὸ τοῦ Ἰησοῦ γενόμενον. Οὐ γὰρ ἐκ δέρματος, φησί,
νεκροῦ ἐποίησεν αὐτό, ἵνα τὴν ἐκκλησίαν κατα-
σκευάσῃ οὐκέτι ΛΗCΤῶΝ καὶ ἐμπόρων CΠΗΛΑΙΟΝ, ἀλλὰ Mt.xxi.13.
35 ΟἶΚΟΝ ΤΟΥ ΠΑΤΡόC ΑΥΤΟΥ· λεκτέον δὲ τὸ ἀναγκαιότατον Cf. Jer. vii. 11.
περὶ τῆς θεότητος καὶ ἐκ τῶν ῥητῶν τούτων πρὸς αὐτόν. εἰ
γὰρ τὸ ἐν Ἱεροσολύμοις ἱερὸν ΟἶΚΟΝ ΤΟΥ ἰδίου ΠΑΤΡόC φησιν
εἶναι ὁ Ἰησοῦς, τοῦτο δὲ τὸ ἱερὸν εἰς δόξαν τοῦ κτίσαντος τὸν
οὐρανὸν καὶ τὴν γῆν γέγονε, πῶς οὐκ ἄντικρυς διδασκόμεθα
40 μὴ ἑτέρου τινὸς νομίζειν υἱὸν εἶναι παρὰ τὸν ποιητὴν οὐρανοῦ
καὶ γῆς τὸν υἱὸν τοῦ θεοῦ;

14. *Ibid.* x. 19 (R. IV. 196; L. I. 342).

Σφόδρα δὲ ἀπαραιτήτως ὁ Ἡρακλέων οἴεται τό Ὁ ΖΗλΟC Jo. ii. 17.
ΤΟΥ ΟἴΚΟΥ COΥ ΚΑΤΑΦΑΓΕΤΑί ΜΕ ἐκ προσώπου τῶν ἐκβλη- Ps. lxix. (lxviii.) 10.
θέντων καὶ ἀναλωθέντων ὑπὸ τοῦ Σωτῆρος δυνάμεων

14. 2. καταφάγεται] There is a difference of reading in the LXX. here. אB read καταφάγεται, A κατέφαγε. Cf. Origen *Comm. in Ioann.* x. 19 (L. I. 341).

3. δυνάμεων] Cf. the δαίμονες of Hipp. *Refut.* vi. 34. For the use of the masc. with δυνάμεων we may compare *Ep. Vienn. et Lugd.* ap. Euseb. *H. E.* v. i. § 9, τῶν προεστηκότων τῆς πόλεως ἐξουσιῶν, and *ibid.* § 30, παραπεμπόντων τῶν πολιτικῶν ἐξουσιῶν.

λέγεσθαι, μὴ δυνάμενος τὸν εἱρμὸν τῆς ἐν τῷ ψαλμῷ προφητείας τηρῆσαι, νοούμενον ἐκ προσώπου τῶν ἐκβληθέντων καὶ 5 ἀναλωθέντων δυνάμεων λέγεσθαι. ἀκόλουθον δέ ἐστι κατ'

Ps. lxix. (lxviii.) 22.

αὐτὸν καὶ τὸ Ἔδωκαν εἰς τὸ βρῶμά μου χολὴν ἀπ' ἐκείνων λέγεσθαι ἐν τῷ αὐτῷ ἀναγεγραμμένον ψαλμῷ ἀλλ' ὡς εἰκὸς ἐτάραξεν αὐτὸν τὸ καταφάγεταί με ὡς μὴ δυνάμενον ὑπὸ Χριστοῦ ἀπαγγέλλεσθαι, οὐχ ὁρῶντα τὸ ἔθος τῶν ἀνθρωπο- 10 παθῶν περὶ θεοῦ καὶ Χριστοῦ λόγων.

10 οὐχ ὁρῶντα] οὐ χωροῦντα.

15. *Ibid.* x. 21 (R. iv. 199; L. i. 351).

Jo. ii. 19.

Ὁ μέντοι γε Ἡρακλέων τό Ἐν τρισίν φησὶν ἀντὶ τοῦ Ἐν τρίτῃ, μὴ ἐρευνήσας, καίτοι γε ἐπιστήσας τῷ Ἐν τρισίν, πῶς ἐν τρισὶν ἡ ἀνάστασις ἐνεργεῖται ἡμέραις. ἔτι δὲ καὶ τὴν τρίτην φησὶ τὴν πνευματικὴν ἡμέραν, ἐν ᾗ οἴονται δηλοῦσθαι τὴν τῆς ἐκκλησίας ἀνάστασιν. τούτων δὲ 5 ἀκόλουθόν ἐστι πρώτην λέγειν εἶναι τὴν χοϊκὴν ἡμέραν, καὶ τὴν δευτέραν τὴν ψυχικήν, οὐ γεγενημένης τῆς ἐκκλησίας τῆς ἀναστάσεως ἐν αὐταῖς.

6 χοϊκὴν] χωικὴν.

5. *νοούμενον*] We should expect this word to introduce what Origen considered to be the true 'spiritual' meaning of the passage under discussion, and not a repetition of Heracleon's 'obstinate' interpretation. And the agreement of *νοούμενον* with *εἱρμὸν* is very awkward. As it stands the passage can only mean that Heracleon's interpretation fails because he cannot grasp the general drift of the prophecy, which he interprets as being spoken by the *δυνάμεις*. But the text is unsatisfactory, and I am inclined to suspect that the words *νοούμενον—λέγεσθαι* may possibly be a marginal note made by the reader of some ancestor of *Cod. Monacensis*, which has crept into the text. For a possibly similar phenomenon we may compare Frag. 40, εἴη φύσις κ.τ.λ.

10. *ἔθος*] Does this mean simply 'custom, usage,' or should we compare Origen's use of τὸ ἐν ἔθει λεγόμενον, *tropicè*, and perhaps τὰ ἔθη Orig. *Comm. in Ioann.* xiii. 5?

οὐχ ὁρῶντα] The reading of all the MSS. Huet apparently conjectured οὐ χωροῦντα, which is the probable source of Delarue's note 'Reg. (quem H. sequitur) οὐ χωροῦντα.'

16. *Ibid.* x. 22 (R. iv. 201; L. i. 356).

Ἔοικε δὲ καὶ κατὰ τὰ Μακκαβαϊκὰ πολλή τις ἀκατα- Cf. 1 Macc.
στασία γεγονέναι περὶ τὸν λαὸν καὶ τὸν ναόν, καὶ οὐκ οἶδα i. 22 ff.
εἰ τότε ἀνῳκοδομήθη τοσούτοις ἔτεσιν ὁ ναός. ὁ μέντοι γε
Ἡρακλέων, μηδὲ ἐπιστήσας τῇ ἱστορίᾳ, φησί Τὸν Σολο- Cf. Jo. ii.
5 μῶντα τεccαράκοντα καὶ ἓξ ἔτεcι κατεcκευακέναι τὸν 20.
ναόν, εἰκόνα τυγχάνοντα τοῦ Σωτῆρος, καὶ τὸν ϛ'
ἀριθμὸν εἰς τὴν ὕλην, τουτέστι τὸ πλάσμα, ἀναφέρει·
τὸν δὲ τῶν τεσσαράκοντα, ὃ τετράς ἐστι, φησὶν, ἡ
ἀπρόσπλοκος, εἰς τὸ ἐμφύσημα καὶ τὸ ἐν τῷ ἐμφυσή-
10 ματι σπέρμα. ὅρα δὲ εἰ δυνατόν, τὸν μὲν μ' διὰ τὰ τέσσαρα
τοῦ κόσμου στοιχεῖα ἐν τοῖς ἠγωνισμένοις εἰς τὸν ναὸν ἐγ-
κατατασσόμενα λαμβάνειν, τὸν δὲ ϛ' διὰ τὸ τῇ ἕκτῃ ἡμέρᾳ
γεγονέναι τὸν ἄνθρωπον.

11 ἠγωνισμένοις] ἀγωνισμένοις.

16. 6, 7. τὸν ϛ' ἀριθμὸν] Cf. Frag. 18,
Heracleon's interpretation of the six
(as he read) husbands of the Samari-
tan woman. With the whole fragment
we must compare *Excerpta ex Theo-
doto* § 50, λαβὼν χοῦν ἀπὸ τῆς γῆς...
ψυχὴν γεώδη καὶ ὑλικὴν ἐτεκτήνατο...
ὁ δὲ καθ' ὁμοίωσιν τὴν αὑτοῦ τοῦ δη-
μιουργοῦ, ἐκεῖνός ἐστιν ὃν εἰς τοῦτον
ἐνεφύσησέν τε καὶ ἐνέσπειρεν ὁμοιού-
σιόν τι αὐτῷ δι' ἀγγέλων ἐνθείς. And
§ 53, ἔσχε δὲ ὁ Ἀδὰμ ἀδήλως αὐτῷ
ὑπὸ τῆς σοφίας ἐνσπαρὲν τὸ σπέρμα τὸ
πνευματικὸν εἰς τὴν ψυχήν, διαταγεὶς,
φησί, δι' ἀγγέλων ἐν χειρὶ μεσίτου...
Πρῶτον οὖν σπέρμα πνευματικὸν τὸ ἐν
τῷ Ἀδὰμ προέβαλεν ἡ σοφία ἵνα ᾖ τὸ
ὀστοῦν ἡ λογικὴ καὶ οὐρανία ψυχὴ μὴ
κενὴ ἀλλὰ μυελοῦ γέμουσα πνευματικοῦ,
which is more closely parallel. See
also Hipp. *Refut.* vi. 34, Τοῦτό ἐστι
τὸ εἰρημένον...καὶ ἐνεφύσησεν εἰς τὸ
πρόσωπον αὐτοῦ πνοὴν ζωῆς καὶ ἐγένετο
ὁ ἄνθρωπος εἰς ψυχὴν ζῶσαν, and for
the τὸ ἐν τῷ ἐμφυσήματι σπέρμα,

ibid. vi. 34, κατοικητήριον...ποτὲ δὲ
ψυχῆς καὶ λόγων, οἵτινές εἰσι λόγοι
ἄνωθεν κατεσπαρμένοι ἀπὸ τοῦ κοινοῦ
τοῦ πληρώματος καρποῦ καὶ τῆς σοφίας
εἰς τοῦτον τὸν κόσμον, κατοικοῦντες ἐν
σώματι χοϊκῷ μετὰ ψυχῆς.

The agreement of this passage,
with the fragment of Valentinus pre-
served in Clement (*Strom.* iv. 13), and
his explanation of it, will be more
conveniently considered in an ad-
ditional note.

8, 9. τετράς ἡ ἀπρόσπλοκος] The
reference is probably in the first
instance to the original τετρακτὺς of
the Valentinian system (i.e. probably
the four male aeons of the Ogdoad),
and then more generally to the spiri-
tual nature which is incapable of
real union with any lower nature.
Cf. Irenaeus I. vii. 4 (where he is speak-
ing of the Demiurge's various views
as to prophecy) ἢ τὸν ἄνθρωπον, ἢ τὴν
προσπλοκὴν τῶν χειρόνων (MS. χειρῶν,
Lat. pejorum).

72 THE EXTANT FRAGMENTS OF HERACLEON.

17. *Ibid.* xiii. 10 (R. IV. 220; L. II. 18).

Ἴδωμεν δὲ καὶ τὰ Ἡρακλέωνος εἰς τοὺς τόπους, ὅστις
φησίν Ἄτονον καὶ πρόσκαιρον καὶ ἐπιλείπουσαν ἐκείνην
γεγονέναι τὴν ζωὴν, καὶ τὴν κατ' αὐτὴν δόξαν·
κοσμικὴ γὰρ, φησὶν, ἦν· καὶ οἴεται τοῦ κοσμικὴν αὐτὴν
εἶναι ἀπόδειξιν φέρειν ἐκ τοῦ τὰ θρέμματα τοῦ Ἰακὼβ ἐξ 5
αὐτῆς πεπωκέναι· καὶ εἰ μὲν ἄτονον καὶ πρόσκαιρον καὶ
ἐπιλείπουσαν ἐλάμβανε τὴν ἐκ μέρους γνῶσιν, ἤτοι τῇ
ἀπὸ τῶν γραφῶν συγκρίσει τῶν ἀρρήτων ῥημάτων, ἃ οὐκ
ἐξὸν ἀνθρώπῳ λαλῆσαι, πᾶσαν τὴν νῦν δι' ἐσόπτρου καὶ
αἰνίγματος γινομένην γνῶσιν, καταργουμένην ὅταν ἔλθῃ τὸ 10
τέλειον, οὐκ ἂν αὐτῷ ἐνεκαλέσαμεν. εἰ δὲ ὑπὲρ τοῦ διαβάλλειν
τὰ παλαιὰ τοῦτο ποιεῖ, ἐγκλητέος ἂν εἴη. Ὁ δὲ δίδωσιν
ὕδωρ ὁ Σωτὴρ, φησὶν εἶναι ἐκ τοῦ πνεύματος καὶ
Jo. iv. 14. τῆς δυνάμεως αὐτοῦ, οὐ ψευδόμενος· καὶ εἰς τό Οϒ ΜΗ
ΔΙΨΉϹΗ δὲ εἰϹ τὸν ΑἰῶΝΑ ἀποδέδωκεν αὐταῖς λέξεσιν οὕτως, 15
Αἰώνιος γὰρ ἡ ζωὴ αὐτοῦ, καὶ μηδέποτε φθειρομένη,
ὡς καὶ ἡ πρώτη ἡ ἐκ τοῦ φρέατος, ἀλλὰ μένουσα· ἀναφαίρετος
Cf. Rom. γὰρ ἡ χάριϹ καὶ ἡ Δωρεά τοῦ ΣωτῆροϹ ἡμῶν,
v. 15. καὶ μὴ ἀναλισκομένη μηδὲ φθειρομένη ἐν τῷ μετέχοντι
αὐτῆς. φθειρομένην δὲ τὴν πρώτην διδοὺς εἶναι 20
2 Cor. iii. ζωὴν, εἰ μὲν τὴν κατὰ τὸ γράμμα ἔλεγε, ζητῶν τὴν τῇ περι-
16. ΑἱρέϹΕΙ τοῦ καλύμματοϹ γινομένην κατὰ τὸ πνεῦμα καὶ εὑρί-
Cf. Ex.
xxxiv. 34. σκων, ὑγιῶς ἂν ἔλεγεν. εἰ δὲ πάντη φθορὰν κατηγορεῖ τῶν
Heb. x. 1. παλαιῶν, δῆλον ὅτι τοῦτο ποιεῖ ὡς μὴ ὁρῶν τὰ ἀγαθὰ τῶν

11 αὐτῷ] αὐτό.   21 τὴν] om.   22 γινομένην] γινομένη ἤ.

17. 19, 20. μετέχοντι] There is no
difference of reading here in the MSS.
Delarue's note, 'Regius (quem H.
sequitur) μετασχόντι,' is due to Huet
and not to *Cod. Regius.* Huet very
likely conjectured μετασχόντι from
Ferrarius ('particeps fuerit').
21. ζητῶν] With this comment
of Origen we may compare Hipp.
Refut. vi. 35, ὅτε τέλος ἔλαβεν ἡ κτίσις
...τὴν ἀποκάλυψιν τὴν ἐγκεκαλυμμένην
...καὶ εἶχε κάλυμμα ἐπὶ τὴν καρδίαν·

ὁπότε οὖν ἔδει ἀρθῆναι τὸ κάλυμμα.
τὴν τῇ] Hilgenfeld plausibly alters
the τῇ of the MSS. to τήν. Perhaps
it is better to insert both articles
(cf. Frag. 1). At any rate the ἤ in
the next line cannot be right. We
may reasonably suppose that after
γινομενην had been corrupted to γινομενηη
(dative because of the preceding
περιαιρέσει), the τήν may have
dropped out.

25 μελλόντων ἔχειν ἐκεῖνα τηΝ cκιάΝ. οὐκ ἀπιθάνως δὲ τὸ
Ἁλλομένογ διηγήσατο Καὶ τοὺς μεταλαμβάνοντας τοῦ
ἄνωθεν ἐπιχορηγουμένου πλουσίως, καὶ αὐτοὺς ἐκ-
βλύσαι εἰς τὴν ἑτέρων αἰώνιον ζωὴν τὰ ἐπικεχορη-
γημένα αὐτοῖς. ἀλλὰ καὶ ἐπαινεῖ τὴν Σαμαρεῖτιν ὡσὰν
30 ἐνδειξαμένην τὴν ἀδιάκριτον καὶ κατάλληλον τῇ
φύσει ἑαυτῆς πίστιν, μὴ διακριθεῖσαν ἐφ᾽ οἷς ἔλεγεν
αὐτῇ. εἰ μὲν οὖν τὴν προαίρεσιν ἀπεδέχετο, μηδὲν περὶ
φύσεως αἰνιττόμενος ὡς διαφερούσης, καὶ ἡμεῖς ἂν συγκατε-
θέμεθα· εἰ δὲ τῇ φυσικῇ κατασκευῇ ἀναφέρει τὴν τῆς συγκατα-
35 θέσεως αἰτίαν, ὡς οὐ πᾶσι ταύτης παρούσης, ἀνατρεπτέον
αὐτοῦ τὸν λόγον. οὐκ οἶδα δὲ πῶς ὁ Ἡρακλέων τὸ μὴ
γεγραμμένον ἐκλαβὼν φησι πρὸς τό Δόc μοι τοῦτο τὸ ῠ̔δωρ Jo. iv. 15.
ὡς ἄρα Βραχέα διανυχθεῖσα ὑπὸ τοῦ λόγου ἐμίσησε
λοιπὸν καὶ τὸν τόπον ἐκείνου τοῦ λεγομένου ζῶντος
40 ὕδατος. ἔτι δὲ καὶ πρὸς τό Δόc μοι τοῦτο τὸ ῠ̔δωρ ἵΝΑ ΜΉ
ΔΙΨῶ ΜΗΔΕ ΔΙΈΡΧΩΜΑΙ ΕΝΘΆΔΕ ἈΝΤΛΕῖΝ φησὶν ὅτι Ταῦτα λέγει
ἡ γυνὴ ἐμφαίνουσα τὸ ἐπίμοχθον καὶ δυσπόριστον
καὶ ἄτροφον ἐκείνου τοῦ ὕδατος· πόθεν γὰρ δεικνύναι
ἔχει ἄτροφον εἶναι τὸ τοῦ Ἰακὼβ ὕδωρ;

25 ἔχειν] ἔχει.

18. *Ibid.* xiii. 11 (R. IV. 221; L. II. 20).

Ἔτι δὲ ὁ Ἡρακλέων πρὸς τό Λέγει αγτῇ φησί Δῆλον ὅτι Jo. iv. 16.
τοιοῦτό τι λέγων· Εἰ θέλεις λαβεῖν τοῦτο τὸ ὕδωρ,
ῠ̔παγε, φώνηcον τὸν ἄνΔρα cογ· καὶ οἴεται τῆς Σαμα-
ρείτιδος τὸν λεγόμενον ὑπὸ τοῦ Σωτῆρος ἄνδρα τὸ

25. The text, even after ἔχειν has been substituted for the impossible ἔχει, is unsatisfactory. The omission of τὰ ἀγαθά would make it simpler, and it is possible that these words may be a marginal gloss, which has crept into the text.

27, 28. καὶ αὐτοὺς ἐκβλύσαι] Cf. *Excerpta ex Theod.* § 58, τὸ ψυχικὸν, ὃ ἀνέσωσεν καὶ ἀνήνεγκεν ἅπερ ἀνέλαβε, καὶ δι᾽ αὐτῶν καὶ τὰ τούτοις ὁμοιοῦντα.

33. φύσεως] Cf. Fragg. 19, 44. Origen's criticism of the doctrine of φύσεως διαφορά is one of the most important parts of his refutation of Heracleonism, as this was the deepest and most characteristic fault of the system, and indeed of gnosticism in general.

74 THE EXTANT FRAGMENTS OF HERACLEON.

πλήρωμα εἶναι αὐτῆς, ἵνα σὺν ἐκείνῳ γενομένη πρὸς 5
τὸν Σωτῆρα κομίσασθαι παρ' αὐτοῦ τὴν δύναμιν καὶ
τὴν ἕνωσιν καὶ τὴν ἀνάκρασιν τὴν πρὸς τὸ πλήρωμα
αὐτῆς δυνηθῇ· οὐ γὰρ περὶ ἀνδρὸς, φησὶ, κοσμικοῦ
ἔλεγεν αὐτῇ ἵνα καλέσῃ, ἐπείπερ οὐκ ἠγνόει ὅτι οὐκ
εἶχε νόμιμον ἄνδρα. προδήλως δὲ ἐνταῦθα βιάζεται, λέγων 10
αὐτῇ τὸν Σωτῆρα εἰρηκέναι Φώνηcόν coy τὸν ἄνδρα
καὶ ἐλθὲ ἐνθάδε, δηλοῦντα τὸν ἀπὸ τοῦ πληρώματος
σύζυγον· εἴπερ γὰρ τοῦθ' οὕτως εἶχεν, ἐχρῆν τὸν ἄνδρα καὶ
τίνα τρόπον φωνητέον ἔσται αὐτὸν εἰπεῖν, ἵνα σὺν αὐτῷ
γένηται πρὸς τὸν Σωτῆρα. ἀλλ' ἐπεὶ, ὡς ὁ Ἡρακλέων 15
φησὶ, κατὰ τὸ νοούμενον ἠγνόει τὸν ἴδιον ἄνδρα, κατὰ δὲ τὸ
ἁπλοῦν ᾐσχύνετο εἰπεῖν ὅτι μοιχὸν οὐχὶ δὲ ἄνδρα εἶχε, πῶς
οὐχὶ μάτην ἔσται προστάσσων ὁ λέγων Ὕπαγε φώνηcον τὸν
ἄνδρα coy καὶ ἐλθὲ ἐνθάδε; εἶτα πρὸς τοῦτο Ἀληθὲc εἴρηκαc
ὅτι ἄνδρα ογκ ἔχειc, φησίν Ἐπεὶ ἐν τῷ κόσμῳ οὐκ εἶχεν 20
ἄνδρα ἡ Σαμαρεῖτις, ἦν γὰρ αὐτῆς ὁ ἀνὴρ ἐν τῷ αἰῶνι.
ἡμεῖς μὲν οὖν ἀνέγνωμεν Πέντε ἄνδραc ἔcχεc· παρὰ δὲ τῷ

14 εἰπεῖν] om.   21 Σαμαρεῖτις] Σαμαρείτης.

18. 6. κομίσασθαι] Grabe suggests κομίζεσθαι, which is followed by Hilgenfeld. But there is no need to alter the MS. reading, which is in itself preferable.

7. τὴν ἕνωσιν κ.τ.λ.] Cf. *Excerpt. ex Theod.* § 22, ἐγειρόμεθα οὖν ἡμεῖς ἰσάγγελοι τοῖς ἄρρεσιν ἀποκαταστάθέντες...εἰς ἕνωσιν, and § 64, κομιζόμενα καὶ αὐτὰ τοὺς νυμφίους τοὺς ἀγγέλους ἑαυτῶν, εἰς τὸν νυμφῶνα ἐντὸς τοῦ ὅρου εἰσίασι......εἰς τοὺς νοεροὺς καὶ αἰωνίους γάμους τῆς συζυγίας.

πλήρωμα] On Heracleon's use of πλήρωμα and αἰών, see additional note p. 105.

14. Hilgenfeld's substitution of εἰπεῖν for ἔσται is possible, but it is simpler to suppose with Huet that εἰπεῖν, or perhaps δηλῶσαι, has fallen out after αὐτόν.

20. ἔχεις] Heracleon, or Origen, here follows the Western text. As Origen has twice quoted the words with the reading ἔχω shortly before, this passage may reasonably be supposed to represent Heracleon's text. At the same time the retention in *Cod. Monacensis* of a less well-known reading in only one of several passages would not be unparalleled. Other interesting variants in Heracleon's text are found in (1) Fr. 9, Βηθανίᾳ. See the note *in loc.* (2) Fr. 18, ἐξ ἄνδρας, a reading otherwise unknown. (3) Fr. 40, ψυχὴν καὶ σῶμα. Mt. x. 28. (4) Fr. 40, ἐξελεύσονται (εἰς τὸ σκότος τὸ ἐξώτερον), a Western variant for ἐκβληθήσονται. So far as we can tell he used a text of a Western type, but we have not much material from which we can form a judgment.

Ἡρακλέωνι εὕρομεν Ἐξ ἄνδρας ἔςχες. καὶ ἑρμηνεύει γε
τὴν ὑλικὴν πᾶσαν κακίαν δηλοῦσθαι διὰ τῶν ἓξ
25 ἀνδρῶν, ᾗ συνεπέπλεκτο καὶ ἐπλησίαζεν παρὰ λόγον
πορνεύουσα, καὶ ἐνυβριζομένη καὶ ἀθετουμένη καὶ
ἐγκαταλειπομένη ὑπ' αὐτῶν· λεκτέον δὲ πρὸς αὐτὸν
ὅτι εἴπερ ἐπόρνευεν ἡ πνευματικὴ, ἡμάρτανεν ἡ πνευμα-
τική· εἰ δὲ ἡμάρτανεν ἡ πνευματικὴ, Δένδρον ἀγαθὸν οὐκ
30 ἦν ἡ πνευματική· κατὰ γὰρ τὸ εὐαγγέλιον Ογ Δγναται Mt. vii. 18.
Δένδρον ἀγαθὸν καρπογς πονηρογς ἐνεγκεῖν. καὶ δῆλον ὅτι
οἴχεται αὐτοῖς τὰ τῆς μυθοποιίας. εἰ δὲ ἀδύνατόν ἐστι τὸ
ἀγαθὸν Δένδρον φέρειν πονηρογς καρπογς καὶ ἀγαθὸν Δένδρον
ἡ Σαμαρεῖτις, ἅτε πνευματικὴ τυγχάνουσα, ἀκόλουθον αὐτῷ
35 λέγειν ἐστὶν, ὅτι ἤτοι οὐκ ἦν ἁμαρτία ἡ πορνεία αὐτῆς, ἢ οὐκ
αὐτὴ ἐπόρνευσεν.

19. *Ibid.* xiii. 15 (R. IV. 224; L. II. 25).

Ὁ δὲ Ἡρακλέων εἰς τὰ αὐτὰ ῥήματα λέγει Εὐσχημόνως Cf. Jo. iv.
ὡμολογηκέναι τὴν Σαμαρεῖτιν τὰ ὑπ' αὐτοῦ πρὸς 19.
αὐτὴν εἰρημένα· Προφήτου γὰρ μόνου, φησὶν, ἐστὶν
εἰδέναι τὰ πάντα, ψευδόμενος ἑκατέρως· καὶ γὰρ οἱ ἄγγε-
5 λοι τὰ τοιαῦτα δύνανται εἰδέναι, καὶ ὁ προφήτης οὐ πάντα
οἶδεν, Ἐκ μέρογς γὰρ γινώσκομεν καὶ ἐκ μέρογς προφητεγομεν, 1 Cor. xiii.
κἂν προφητεύωμεν ἢ γινώσκωμεν. μετὰ δὲ ταῦτα ἐπαινεῖ 9.
ὡς πρεπόντως τῇ αὐτῆς φύσει ποιήσασαν τὴν Σαμα-
ρεῖτιν, καὶ μήτε ψευσαμένην μήτε ἄντικρυς ὁμολο-
10 γήσασαν τὴν ἑαυτῆς ἀσχημοσύνην, πεπεισμένην τέ
φησιν αὐτὴν, ὅτι προφήτης εἴη, ἐρωτᾶν αὐτὸν, ἅμα
τὴν αἰτίαν ἐμφαίνουσαν δι' ἣν ἐξεπόρνευσεν, ὅτι δι'
ἄγνοιαν θεοῦ καὶ τῆς κατὰ τὸν θεὸν λατρείας ἀμελή-

8 αὐτῆς φύσει] αὐτῆς φαύσει.

19. 3. προφήτου κ.τ.λ.] Contrast Heracleon's views on the prophets in Fragment 5.

4. Hilgenfeld alters τὰ πάντα into καὶ ταῦτα, an alteration which, besides having no MS. authority, deprives Origen's criticism ὁ προφή-

της οὐ πάντα οἶδεν of its point.

12—14. ὅτι...ἀμελήσασαν is strange but may possibly be explained as an extension of such usages as δῆλον ὅτι. Hilgenfeld plausibly suggests ἅτε.

σασαν καὶ πάντων τῶν κατὰ τὸν βίον αὐτῇ ἀναγκαίων
καὶ ἄλλως ἀεὶ τῶν ἐν τῷ βίῳ τυγχάνουσαν· οὐ γὰρ 15
ἄν, φησὶν, αὐτὴ ἤρχετο ἐπὶ τὸ φρέαρ, ἔξω τῆς πόλεως
τυγχάνον. οὐκ οἶδα δὲ πῶς ἐνόμισεν ἐμφαίνεσθαι τὴν
αἰτίαν τοῦ ἐκπεπορνευκέναι, ἢ ἄγνοιαν αἰτίαν γεγονέ-
ναι ἐπὶ τῶν πλημμελημάτων καὶ τῆς κατὰ θεὸν λατρείας.
ἀλλ' ἔοικε ταῦτα ὡς ἔτυχεν ἐσχεδιακέναι, χωρὶς πάσης πιθα- 20
νότητος. προστίθησί τε τούτοις ὅτι Βουλομένη μαθεῖν
πῶς καὶ τίνι εὐαρεστήσασα καὶ θεῷ προσκυνήσασα
Jo. iv. 20. ἀπαλλαγείη τοῦ πορνεύειν, λέγει τό Οἱ πάτερες ἡμῶν
ἐν τῷ ὄρει τούτῳ προσεκύνησαν καὶ τὸ ἑξῆς. σφόδρα
δέ ἐστιν εὐέλεγκτὰ τὰ εἰρημένα· πόθεν γὰρ ὅτι βούλεται 25
μαθεῖν, τίνι εὐαρεστήσασα ἀπαλλαγείη τοῦ πορνεύειν;

15 τῶν ἐν] τὴν ἐκ.   25 εὐέλεγκτὰ] εὐέλεγκατα.

20. *Ibid.* xiii. 16 (R. iv. 225; L. ii. 26).

Jo. iv. 21. Λέγει αὐτῇ ὁ Ἰησοῦς Πίστευέ μοι, γύναι, ὅτι ἔρχεται ὥρα, ὅτε
οὔτε ἐν τῷ ὄρει τούτῳ οὔτε ἐν Ἱεροσολύμοις προσκυνήσετε τῷ
πατρί. ὅτε ἔδοξε πιθανώτατα τετηρηκέναι ὁ Ἡρακλέων ἐν
τούτοις τό Ἐπὶ μὲν τῶν προτέρων μὴ εἰρῆσθαι αὐτῇ
Πίστευέ μοι γύναι, νῦν δὲ τοῦτο αὐτῇ προστετάχθαι, 5
τότε ἐπεθόλωσε τὸ μὴ ἀπίθανον παρατήρημα, εἰπὼν Ὄρος
μὲν τὸν διάβολον λέγεσθαι, ἢ τὸν κόσμον αὐτοῦ,

15. Grabe's alteration of τήν into τῶν is the only satisfactory emendation here. But this is not enough. Massuet's insertion of ἀποτυγχάνουσαν after ἀναγκαίων balances the sentence better, but then ἄλλως τυγχάνουσαν becomes an awkward anticlimax. Two simple emendations suggest themselves, either (i) to place ἀμελήσασαν after ἀναγκαίων, or (ii) to omit the καὶ after ἀμελήσασαν. But it is doubtful if even then a possible sense can be obtained.

19. καὶ τῆς κατὰ θεὸν λατρείας] Ignorance can hardly be said to have been the cause of her λατρεία, though Heracleon probably put it forward as the cause of the errors in her service. Origen seems to have misunderstood the words which he quotes.

21. τε] The περὶ of the Editions is another interesting example of the influence of the mistakes made by the scribe of *Cod. Regius*. *Cod. Monac.* has τ̊ (sic) which he has mistaken for περί.

22. τίνι] *Cod. Venetus* inserts τρόπῳ, but it is more natural that the expression here should be similar to that in l. 26.

THE EXTANT FRAGMENTS OF HERACLEON. 77

ἐπείπερ μέρος ἐν ὁ διάβολος ὅλης τῆς ὕλης, φησὶν, ἦν,
ὁ δὲ κόσμος τὸ σύμπαν τῆς κακίας ὅρος, ἔρημον οἰκη-
10 τήριον θηρίων, ᾧ προσεκύνουν πάντες οἱ πρὸ νόμου
καὶ οἱ ἐθνικοί· Ἱεροσόλυμα δὲ τὴν κτίσιν ἢ τὸν κτίστην·
ᾧ προσεκύνουν οἱ Ἰουδαῖοι. Ἀλλὰ καὶ δευτέρως Ὅρος
μὲν ἐνόμισεν εἶναι τὴν κτίσιν ᾗ οἱ ἐθνικοὶ προσεκύνουν·
Ἱεροσόλυμα δὲ τὸν κτίστην, ᾧ οἱ Ἰουδαῖοι ἐλάτρευον.
15 ὑμεῖς οὖν, φησὶν, οἱονεὶ οἱ πνευματικοί, οὔτε τῇ κτίσει,
οὔτε τῷ δημιουργῷ προςκγνήσετε, ἀλλὰ τῷ πατρὶ τῆς
ἀληθείας· καὶ συμπαραλαμβάνει γε, φησὶν, αὐτὴν ὡς
ἤδη πιστὴν, καὶ συναριθμουμένην τοῖς κατὰ ἀλήθειαν
προσκυνηταῖς.

13 οἱ] om.   14 ᾧ] om.

21. *Ibid.* xiii. 17 (R. IV. 226; L. II. 28).

Ὑμεῖς προcκγνεῖτε ὃ ογκ οἴδατε, ἡμεῖς προcκγνοῦμεν ὃ Jo. iv. 22.
οἴδαμεν, ὅτι ἡ σωτηρία ἐκ τῶν Ἰογδαίων ἐcτίν. τὸ Ὑμεῖς, ὅσον
ἐπὶ τῇ λέξει, οἱ Σαμαρεῖς· ὅσον δὲ ἐπὶ τῇ ἀναγωγῇ, οἱ περὶ
τὰς γραφὰς ἑτερόδοξοι. τὸ δὲ Ἡμεῖς, ὅσον ἐπὶ τῷ ῥητῷ, οἱ
5 Ἰουδαῖοι· ὅσον δὲ ἐπὶ τῇ ἀλληγορίᾳ, ἐγώ ὁ λόγος, καὶ οἱ κατ᾽
ἐμὲ μεμορφωμένοι, τὴν σωτηρίαν ἔχοντες ἀπὸ τῶν Ἰουδαϊκῶν
λόγων· τὸ γὰρ φανερωθὲν νῦν μγcτήριον πεφανέρωται Διά τε Rom. xvi. 26.

20. 8. With the description of ὁ διάβολος as μέρος ἐν ὅλης τῆς ὕλης cf. the cosmogony of Hippolytus *Refut.* vi. 32—34, ἐκ τῆς ὑλικῆς οὐσίας καὶ διαβολικῆς ἐποίησεν ὁ δημιουργὸς ταῖς ψυχαῖς τὰ σώματα, and ἐκ τῆς ὑλικῆς γέγονεν (as must be supplied, see Hilgenfeld *Ketzergeschichte*, p. 468) εἰκὼν διάβολος, and τὴν δὲ ἀπορίαν δαιμόνων. See also Irenaeus I. v. 4, ἐκ δὲ τῆς λύπης τὰ πνευματικὰ τῆς πονηρίας... ὅθεν τὸν διάβολον.

9. ὁ δὲ κόσμος] Here regarded as the world of the Devil, cf. Irenaeus, *loc. cit.* ὃν καὶ κοσμοκράτορα καλοῦσι, and Hipp. *Refut.* vi. 33, διάβολος ὁ ἄρχων τοῦ κόσμου τούτου.

9, 10. οἰκητήριον θηρίων] Cf. Hipp. *Refut.* vi. 34, κατοικητήριον...ὅταν δαίμονες μὴ συνοικῶσι τῇ ψυχῇ, and Valentinus ap. Clem. Al. *Strom.* ii. 20, ἡ καρδία...πολλῶν οὖσα δαιμόνων οἰκητήριον. These passages shew that the phrase of the master was remembered by his pupils, and applied in different ways.

11. κτίσιν] i.e. the world of the Demiurge. The distinction between the nations and the Jews may be compared with the description (Hipp. *Refut.* vi. 34) of the children of Abraham, as the children of the Demiurge.

78 THE EXTANT FRAGMENTS OF HERACLEON.

2 Tim. i. 10.

γραφῶν προφητικῶν καὶ τῆс ἐπιφανείας τοῦ Κυρίου ἡμῶν Ἰησοῦ Χριστοῦ. ὅρα δὲ εἰ μὴ ἰδίως καὶ παρὰ τὴν ἀκολουθίαν τῶν ῥητῶν ὁ Ἡρακλέων ἐκδεξάμενος τὸ Ὑμεῖς ἀντὶ τοῦ Οἱ [10] Ἰουδαῖοι, ἐθνικοὶ, διηγήσατο. οἷον δέ ἐστι πρὸς τὴν Σαμαρεῖτιν λέγεσθαι, ὑμεῖς οἱ Ἰουδαῖοι, ἢ πρὸς Σαμαρεῖτιν, ὑμεῖς οἱ ἐθνικοί; ἀλλ᾽ οὐκ οἴδασί γε οἱ ἑτερόδοξοι ὃ προσκυνοῦσιν, ὅτι πλάσμα ἐστὶ, καὶ οὐκ ἀλήθεια, καὶ μῦθος καὶ οὐ μυστήρια. ὁ δὲ προσκυνῶν τὸν δημιουργὸν, μάλιστα κατὰ [15]

Rom. ii. 29.

τὸν ἐν κρυπτῷ Ἰουδαῖον, καὶ τοὺς λόγους τοὺς πνευματικοὺς Ἰουδαϊκοὺς, οὗτος ὁ οἶδε προσκυνεῖ. πολὺ δέ ἐστι νῦν παρατίθεσθαι τοῦ Ἡρακλέωνος τὰ ῥητὰ ἀπὸ τοῦ ἐπιγεγραμμένου Πέτρου κηρύγματος παραλαμβανόμενα καὶ ἵστασθαι πρὸς αὐτὰ ἐξετάζοντας καὶ περὶ τοῦ βιβλίου, πότερόν ποτε γνήσιόν [20] ἐστιν ἢ νόθον ἢ μικτόν· διόπερ ἑκόντες ὑπερτιθέμεθα, ταῦτα μόνον ἐπισημειούμενοι φέρειν αὐτὸν, ὡς Πέτρου διδάξαντος, Μὴ δεῖν καθ᾽ Ἕλληνας προσκυνεῖν, τὰ τῆς ὕλης πράγ-

8 Κυρίου] Χοῦ.   15 οὐ] om.   23 καθ᾽ Ἕλληνας] καθελὴν ἃς.

21. 12. πρὸς Σαμαρεῖτιν] This is strange but possible. The definite article in the first clause restricts the application to the particular subject of the story, while in the second clause it is general. But *Cod. Venetus* has, either intentionally or by itacism, improved the text, reading Σαμαρείτην; the preceding Σαμαρεῖτιν would easily account for the change, and the more general application suggested by the masculine is intrinsically far more suitable.

15. οὐ] This correction (found in *Cod. Ven.*) is necessary, whether we retain the καὶ or not.

17. πολὺ δέ] The scribe of *Cod. Venetus* fell into the natural transcriptional slip of inserting κάλλιον, thus getting a more familiar phrase. But intrinsic and transcriptional probability alike forbid us to follow Hilgenfeld in retaining the insertion. It would make the following διόπερ ἑκόντες ὑπερτιθέμεθα meaningless.

23. καθ᾽ Ἕλληνας] The reading of the Munich MS. explains the strange production of its copy (*Cod. Reg.* καθελεῖν ἃς) which Huet had to follow, and which led him to conjecture κατ᾽ ἐθνικοὺς. The passage from the Preaching of Peter is quoted at greater length in Clement (*Strom.* vi. 5) where the last sentence stands καὶ γὰρ ἐκεῖνοι μόνοι οἰόμενοι τὸν θεὸν γινώσκειν οὐκ ἐπίστανται, λατρεύοντες ἀγγέλοις καὶ ἀρχαγγέλοις, μηνὶ καὶ σελήνῃ.

Origen expresses a decided opinion on the Preaching of Peter in the *De Principiis*, Praef. 8 (interp. Rufino) 'Respondendum quoniam ille liber inter libros ecclesiasticos non habetur; et ostendendum quia neque Petri est ipsa scriptura, neque alterius cuiusquam qui spiritu Dei fuerit inspiratus.'

ματα ἀποδεχομένους, καὶ λατρεύοντας ξύλοις καὶ
25 λίθοις, μηδὲ κατὰ Ἰουδαίους σέβειν τὸ θεῖον, ἐπείπερ
καὶ αὐτοὶ μόνοι οἰόμενοι ἐπίστασθαι θεὸν, ἀγνοοῦσιν
αὐτὸν, λατρεύοντες ἀγγέλοις καὶ μηνὶ καὶ σελήνῃ.

24 λατρεύοντας] λατρεύοντες.   25 μηδὲ] μήτε.
26 μόνοι οἰόμενοι] μόνοις ἰόμενοι.

22. *Ibid.* xiii. 19 (R. iv. 229; L. ii. 33).

Τὸ μέντοι γε Ἡμεῖc προcκynoŷmen ὁ Ἡρακλέων οἴεται εἶναι Jo. iv. 22.
Ὁ ἐν αἰῶνι καὶ οἱ σὺν αὐτῷ ἐλθόντες· οὗτοι γάρ, φησὶν,
ᾔδεσαν τίνι προσκυνοῦσι, κατὰ ἀλήθειαν προσκυ-
νοῦντες. ἀλλὰ καὶ τό Ὅτι Η cωτηρία ἐκ τῶν Ἰογδαίων ἐcτίν,
5 ἐπεὶ ἐν τῇ Ἰουδαίᾳ, φησὶν, ἐγενήθη, ἀλλ᾽ οὐκ ἐν αὐτοῖς
—οὐ γὰρ εἰς πάντας αὐτοὺς εὐδόκηcε—καὶ ὅτι ἐξ Cf. 1 Cor.
ἐκείνου τοῦ ἔθνους ἐξῆλθεν ἡ σωτηρία καὶ ὁ λόγος x. 5.
εἰc τὴν οἰκογμένην· κατὰ δὲ τὸ νοούμενον ἐκ τῶν Ἰου- (xviii.) 5.
δαίων τὴν σωτηρίαν διηγεῖται γεγονέναι, ἐπείπερ εἰ- 18.
10 κόνες οὗτοι τῶν ἐν τῷ πληρώματι αὐτῷ εἶναι νομί-
ζονται. ἐχρῆν δὲ αὐτὸν καὶ τοὺς ἀπ᾽ αὐτοῦ ἕκαστον τῶν ἐν
τῇ λατρείᾳ δεικνύναι, πῶς ἐστιν εἰκὼν τῶν ἐν τῷ πληρώματι,
εἴ γε μὴ μόνον φωνῇ τοῦτο λέγουσιν, ἀλλὰ καὶ ἀληθείᾳ
φρονοῦσιν αὐτό. πρὸς τούτοις τό ἐν πνεγματι καὶ ἀληθείᾳ Jo. iv. 24.
15 προcκγνεῖcθαι τὸν θεὸν ἡγούμενος, λέγει ὅτι Οἱ πρότερον
προσκυνηταὶ ἐν σαρκὶ καὶ πλάνῃ προσεκύνουν τῷ
μὴ πατρὶ, ὥστε καὶ ταὐτὸν πεπλανῆσθαι πάντας τοὺς
προσκεκυνηκότας τῷ δημιουργῷ, καὶ ἐπιφέρει γε ὁ Ἡρα-
κλέων, ὅτι Ἐλάτρεγον τῇ κτίcει, καὶ οὐ τῷ κατ᾽ ἀλήθειαν Cf. Rom.
i. 25.

11 ἕκαστον] ἑκάστων.

24. λατρεύοντας] The MS. read-
ing is probably due to the following
λατρεύοντες.
22. 2. ὁ ἐν αἰῶνι καὶ οἱ σὺν αὐτῷ ἐλ-
θόντες] These may be naturally iden-
tified with the κοινὸς τοῦ πληρώματος
καρπὸς and the 70 λόγοι projected by
him and Sophia: and, in the account
given by Irenaeus, with the Soter and
his angels. Cf. also *Exc. ex Theod.*

§ 44, τοὺς δὲ ἄρρενας ἀγγέλους τοὺς σὺν
αὐτῷ ἐκπεμφθέντας. And see also
Frag. 40, οἱ τῆς οἰκονομίας ἄγγελοι.
15. ἡγούμενος] We may perhaps
accept Huet's suggestion 'scribas
διηγούμενος.'
19. κτίσει] Heracleon probably
refers to the second interpretation
given in Frag. 20, which is no doubt
founded on Rom. i. 25.

80 THE EXTANT FRAGMENTS OF HERACLEON.

Jo. i. 3. κτίcτη, ὅς ἐστι Χριστός, εἴ γε Πάντα Δι ἀγτοῦ ἐγένετο, 20 καὶ χωρὶς ἀγτοῦ ἐγένετο ΟΥ̓ΔΈΝ.

23. *Ibid.* xiii. 20 (R. IV. 229; L. II. 33).

Jo. iv. 23. Καὶ γὰρ ὁ πατὴρ τοιΟΎΤΟΥϹ ΖΗΤΕΙ̂ ΤΟῪϹ ΠΡΟϹΚΥΝΟΥ̂ΝΤΑϹ ΑΥ̓ΤΌΝ· *εἰ ζητεῖ ὁ πατήρ, διὰ τοῦ υἱοῦ ζητεῖ, τοῦ ἐληλυθότος* ζΗΤΗ̂ϹΑΙ
Lc. xix. 10. *Καὶ* ϹΩ̂ϹΑΙ ΤΌ ἈΠΟΛΩΛΌϹ, *οὕστινας καθαίρων καὶ παιδεύων τῷ*
Cf. Ez. xxxiv. 16. *λόγῳ καὶ τοῖς ὑγιέσι δόγμασι, κατασκευάζει ἀληθινοὺς προσκυνητάς.* Ἀπολωλέναι δέ φησιν ὁ Ἡρακλέων ἐν τῇ βα- 5 *θείᾳ ὕλῃ τῆς πλάνης τὸ οἰκεῖον τῷ πατρί, ὅπερ* ζΗΤΕΙ̂ΤΑΙ *ἵνα* Ὁ ΠΑΤῊΡ ΥΠΟ ΤΩ̂Ν ΟἸΚΕΊΩΝ ΠΡΟϹΚΥΝΗ̂ΤΑΙ.
Cf. Lc. xv. 4, 11. *εἰ μὲν οὖν ἑώρα τὸν περὶ τῆς ἀπωλείας τῶν προβάτων λόγον, καὶ τοῦ ἀποπεσόντος τῶν τοῦ πατρὸς υἱοῦ, κἂν ἀπεδεξάμεθα αὐτοῦ τὴν διήγησιν. ἐπεὶ δὲ μυθοποιοῦντες οἱ ἀπὸ τῆς γνώ-* 10 *μης αὐτοῦ οὐκ οἶδ' ὅ τί ποτε τρανῶς παριστᾶσι περὶ τῆς ἀπολωλυίας πνευματικῆς φύσεως, οὐδὲν σαφὲς διδάσκοντες ἡμᾶς περὶ τῶν πρὸ τῆς ἀπωλείας αὐτῆς χρόνων ἢ αἰώνων· οὐδὲ γὰρ τρανοῦν δύνανται ἑαυτῶν τὸν λόγον. διὰ τοῦτο αὐτοὺς ἑκόντες παραπεμψόμεθα, τοσοῦτον ἐπαπορή-* 15 *σαντες.*

4 ἀληθινοὺς] ἀληθοὺς τοὺς.   9 υἱοῦ] υἱοι. Cod. Bodleianus habet in margine τάχα υἱοῦ, sed in txt. habet υἱὸν.

20. Χριστὸς] In the *Excerpta ex Theod.* § 45, the section describing the creative work of the Soter, εἰς οὐσίαν ἤγαγεν αὐτά τε καὶ [τὰ] τῆς δευτέρας διαθέσεως, is similarly closed with the words πάντα δι' αὐτοῦ κ.τ.λ.
23. 4. ἀληθινοὺς] This correction in *Cod. Venetus* restores the grammar of the sentence; οὕστινας καθαίρων can of course be separated off as a complete relative sentence, but as οὕστινας, τὸ ἀπολωλὸς, and προσκυνητὰς must refer to the same, the tertiary predicate (contained in ἀληθ. τοὺς προσκ.) would be very awkward.
5. ἀπολωλέναι] There is of course no necessary reference here to a commentary of Heracleon's on S. Luke, though we know from Clement that he commented on some part of it (see Frag. 50; Clem. Al. *Strom.* iv. 9. 73). Here however he only appears to have explained Luke xix. 10 in illustration of S. John's words.

24. *Ibid.* xiii. 25 (R. iv. 234; L. ii. 43).

Εἰς μέντοι γε τό Πνεῦμα ὁ θεός ὁ Ἡρακλέων φησίν Jo. iv. 24.
Ἄχραντος γὰρ καὶ καθαρὰ καὶ ἀόρατος ἡ θεία φύ
σις αὐτοῦ. οὐκ οἶδα δὲ εἰ ἐδίδαξεν ἡμᾶς, ταῦτα ἐπειπών,
πῶς ὁ θεὸς πνεῦμά ἐστι. τὸ δέ τοὐς προςκγνοῦντας ἐν πνεύ-
5 ματι καὶ ἀληθείᾳ δεῖ προσκυνεῖν σαφηνίζειν νομίζων, φησίν
Ἀξίως τοῦ προσκυνουμένου πνευματικῶς οὐ σαρκι
κῶς· καὶ γὰρ αὐτοὶ τῆς αὐτῆς φύσεως ὄντες τῷ πατρὶ
πνεῦμα εἰσὶν, οἵτινες κατὰ ἀλήθειαν καὶ οὐ κατὰ
πλάνην προσκυνοῦσι, καθὰ καὶ ὁ ἀπόστολος διδάσκει
10 λέγων λογικὴν λατρείαν τὴν τοιαύτην θεοσέβειαν.
ἐπιστήσωμεν δὲ εἰ μὴ σφόδρα ἐστὶν ἀσεβὲς ὁμοουσίους τῇ
ἀγεννήτῳ φύσει καὶ παμμακαρίᾳ λέγειν εἶναι τοὺς προσκυ
νοῦντας ἐν πνεύματι τῷ θεῷ, οὓς πρὸ βραχέος εἶπεν αὐτὸς
ὁ Ἡρακλέων ἐκπεπτωκότας, τὴν Σαμαρεῖτιν λέγων
15 πνευματικῆς φύσεως οὖσαν ἐκπεπορνευκέναι. ἀλλ'
οὐχ ὁρῶσιν [οἱ ταῦτα λέγοντες,] ὅτι [πᾶν τὸ ὁμοούσιον]
καὶ τῶν αὐτῶν δεκτικόν. εἰ δὲ ἐδέξατο τὸ πορνεῦσαι ἡ πνευ
ματικὴ φύσις, ὁμοούσιος οὖσα [τῷ ἀγεννήτῳ], ἀνόσια καὶ ἄθεα
καὶ ἀσεβῆ ἀκολουθεῖ τῷ λόγῳ τῷ κατ' αὐτοὺς περὶ θεοῦ· οὐδὲ
20 φαντασιωθῆναι ἀκίνδυνόν ἐστιν ἀλλήλοις.

2 ἡ] καί. 11 ὁμοουσίους] ὁμοούσιον. 16 οἱ ταῦτα λέγοντες] om.
lac. 13 circa litterarum relicta: Codex Bodleianus in margine οἱ ταῦτα λέ
γοντες. πᾶν τὸ ὁμοούσιον] παντός, post hoc verbum relinquitur lacuna (12
circa litt.) in Codice. Cod. Bodl. in margine ἴσως τῶν ἐναντίων. 18 φύσις]
φύσεις. τῷ ἀγεννήτῳ] om. lacuna (12 litt.) relicta: Cod. Bodl. in margine τῷ ἀγεννήτῳ. 20 ἀλλήλοις] ἀλλήλους.

24. 2. ἡ θεία] There being no
article in his exemplar the scribe of
Cod. Venetus removed the difficulty
by altering the last καί into ἡ.
10. λογικὴν λατρείαν] Corresponding to their nature. Cf. καὶ γὰρ αὐτοὶ
τῆς αὐτῆς φύσεως ὄντες, and Frag. 45
τὴν τῶν ἁγίων λογικῶν οὐσίαν.
16. οἱ ταῦτα λέγοντες] Some such

nominative is required and the marginal conjecture in *Cod. Bodleianus*
fulfils the required conditions.
πᾶν τὸ ὁμοούσιον] On this conjecture see Additional Note C.
18. τῷ ἀγεννήτῳ] A conjecture probably derived from Ferrarius, which
admirably suits the requirements of
the passage.

B.   6

25. *Ibid.* xiii. 27 (R. IV. 237; L. II. 49).

Ὅρα δὲ καὶ τὸν Ἡρακλέωνα τί φησίν· λέγει γὰρ ὅτι Προσεδέχετο ἡ ἐκκλησία τὸν Χριστόν, καὶ ἐπέπειστο περὶ αὐτοῦ ὅτι τὰ πάντα μόνος ἐκεῖνος ἐπίσταται.

26. *Ibid.* xiii. 28 (R. IV. 238; L. II. 51).

Jo. iv. 26. Καὶ ὁ Ἡρακλέων δέ φησι πρὸς τό Ἐϒώ εἰΜι, ὁ λαλῶν coι ὅτι Εἴπερ ἐπέπειστο ἡ Σαμαρεῖτις περὶ τοῦ Χριστοῦ, ὡς ἄρα ἐλθὼν πάντα ἀπαγγελεῖ αὐτῇ, φησί Γίνωσκε ὅτι ἐκεῖνος ὃν προσδοκᾷς, ἐγώ εἰμι ὁ λαλῶν σοι· καὶ ὅτε ὡμολόγησεν ἑαυτὸν τὸν προσδοκώμενον ἐληλυ- 5
Jo. iv. 27. θέναι, Ἦλθον, φησίν, οἱ Μαθηταὶ πρὸς αὐτόν, δι' οὓς ἐληλύθει εἰς τὴν Σαμάρειαν. πῶς δὲ διὰ τοὺς μαθητὰς ἐληλύθει εἰς τὴν Σαμάρειαν, οἵτινες καὶ πρότερον αὐτῷ συνῆσαν;

1 σοι] post σοι relinquitur lacuna (4 vel 5 litt.).

27. *Ibid.* xiii. 30 (R. IV. 241; L. II. 56).

Ὁ δὲ Ἡρακλέων τὴν ὑδρίαν τὴν δεκτικὴν ζωῆς ὑπολαμβάνει εἶναι διάθεσιν καὶ ἔννοιαν καὶ τῆς δυνάμεως τῆς παρὰ τοῦ Σωτῆρος, ἥντινα καταλείπουσα, φησὶ, παρ' αὐτῷ, τουτέστιν ἔχουσα παρὰ τῷ Σωτῆρι τὸ τοιοῦτον σκεῦος, ἐν ᾧ ἐληλύθει λαβεῖν τὸ ζῶν ὕδωρ, 5

4 παρὰ] περί.

25. 2. ἡ ἐκκλησία] i.e οἱ πνευματικοί. Cf. *Excerpta ex Theod* § 41.
27. 2. καί] The καί before τῆς δυνάμεως is probably right. The ὑδρία is the διάθεσις and ἔννοια which is δεκτικὴ τῆς ζωῆς καὶ τῆς δυνάμεως. Hilgenfeld's omission of the καί, which makes δυνάμεως dependent on ἔννοια, gives an unnatural meaning to the latter word. It must mean thought, conception, or the like, not power of thinking or conceiving the δύναμις. Below (l. 13) Ferrarius refuses to take τὴν ἔννοιαν τῆς δυνάμεως together. Probably we should there read, as here, καὶ ἔννοιαν καὶ τῆς δυνάμεως.

ὑπέστρεψεν εἰς τὸν κόσμον εὐαγγελιζομένη τῇ κλήσει τὴν Χριστοῦ παρουσίαν. διὰ γὰρ τοῦ πνεύματος καὶ ὑπὸ τοῦ πνεύματος προσάγεται ἡ ψυχὴ τῷ Σωτῆρι. κατανόησον δὴ, εἰ δύναται ἐπαινουμένη τυγχάνειν ἡ
10 ὑδρία αὕτη πάντη ἀφιεμένη· Ἀφῆκε γὰρ, φησὶ, τὴν ὑδρίαν Jo. iv. 28.
αὐτῆς ἡ γυνή· οὐ γὰρ πρόσκειται ὅτι ἀφῆκεν αὐτὴν παρὰ τῷ Σωτῆρι. πῶς δὲ καὶ οὐκ ἀπίθανον καταλείπουσαν αὐτὴν τὴν δεκτικὴν τῆς ζωῆς διάθεσιν, καὶ τὴν ἔννοιαν τῆς δυνάμεως τῆς παρὰ τοῦ Σωτῆρος, καὶ τὸ σκεῦος ἐν
15 ᾧ ἐληλύθει λαβεῖν τὸ ζῶν ὕδωρ, ἀπεληλυθέναι εἰς τὸν κόσμον χωρὶς τούτων, εὐαγγελίσασθαι τῇ κλήσει τὴν Χριστοῦ παρουσίαν; πῶς δὲ καὶ ἡ πνευματικὴ μετὰ τοσούτους λόγους οὐ πέπεισται σαφῶς περὶ τοῦ Χριστοῦ, ἀλλά φησι Μή τι οὗτός ἐςτιν ὁ Χριςτός; καὶ τό Ἐξῆλθον Jo. iv. 29,
20 δὲ ἐκ τῆς πόλεως διηγήσατο ἀντὶ τοῦ Ἐκ τῆς προτέρας 30. αὐτῶν ἀναστροφῆς, οὔσης κοσμικῆς· καὶ ἤρχοντο διὰ τῆς πίστεως, φησὶ, πρὸς τὸν Σωτῆρα. λεκτέον δὲ πρὸς αὐτόν· πῶς μένει παρ' αὐτοῖς τὰς δύο ἡμέρας; οὐ γὰρ τετήρηκεν ὃ προπαρεθέμεθα ἡμεῖς περὶ τοῦ ἐν τῇ πόλει
25 αὐτὸν ἀναγεγράφθαι μεμενηκέναι τὰς δύο ἡμέρας.

19 μή τι οὗτός] μὴ τοιοῦτος.
25 ἀναγεγράφθαι] Cod. Bodleianus in margine τάχα λείπει μὴ.

28. *Ibid.* xiii. 32 (R. iv. 242; L. ii. 60).

Ὁ δὲ Ἡρακλέων φησὶν ὅτι Ἐβούλοντο κοινωνεῖν αὐτῷ ἐξ ὧν ἀγοράσαντες ἀπὸ τῆς Σαμαρείας κεκομί-

6. κλῆσις] Cf. *Excerpta ex Theod.* § 58, τὸ κλητόν. τὸ ἐκ τῆς οἰκονομίας τὸ ψυχικὸν and the words προσάγεται ἡ ψυχή which occurs in this passage (l. 8). The woman herself was a representation of the ἐκλογή.
21. κοσμικῆς] Cf. Frag. 17 (the account of the woman's former life), κοσμικὴ γὰρ ἦν, and Frag. 20, where the κόσμος is the kingdom of the διάβολος. Heracleon seems also to have used the word as almost equivalent to 'humanity,' see Frag. 8.

24. A negative is obviously necessary: cf. Orig. *Comm.* in *Joann.* xiii. 29. We can either place μὴ before ἀναγεγράφθαι with the margin of the Bodleian, or before ἐν τῇ πόλει.
28. 1. The general sense of the fragment is recoverable, but it is hopelessly corrupt. The third sentence may possibly have run πῶς δέ, οἶμαι, οἱ μαθηταὶ τὰ αὐτὰ ἔχειν λέγονται And in line 8 it would be natural to alter ποτοῦ into ἐλαίου, for we can hardly justify it on the strength of

84 THE EXTANT FRAGMENTS OF HERACLEON.

Cf. Matt. xxv. 1.

κεισαν. τάδε φησὶν ἵνα τινὰ *** αἱ πέντε μωραὶ παρθένοι *** ἀπὸ τοῦ νυμφίου. πῶς δὲ οἶμαι *** τὰ αὐτὰ ἔχειν *** λέγονται ** ταῖς ἀποκλεισθείσαις μωραῖς παρθένοις, ἄξιον 5 ἰδεῖν κατηγορίαν περιέχοντα τῶν μαθητῶν τοῖς αὐτοῖς κοιμωμένων ταῖς μωραῖς παρθένοις. ἔστι δὲ καὶ αὐτὸ ἀνόμοιον τοῦ φωτὸς πρὸς τροφὴν, καὶ τοῦ ποτοῦ πρὸς τὰ βρώματα. **** ** σαντας αἰτιάσασθαι τὴν ἐκδοχὴν, καίπερ κατά τι δυνάμενον σαφῆ ποιῆσαι τὸν λόγον ἐχρῆν αὐτὸν διὰ πλειόνων 10 παραμυθήσασθαι, κατασκευάζοντα τὴν ἰδίαν ἐκδοχήν.

3 post τινὰ lacuna (6 circa litt.). post παρθένοι lacuna (45). 4 post οἶμαι lacuna (8). post ἔχειν lacuna (6). 5 post λέγονται lacuna (10). 8 post βρώματα lacuna (19). 9 καίπερ] κείπερ. κατά] ins. intra lineas.

29. Ibid. xiii. 34 (R. iv. 245; L. ii. 65).

Jo. iv. 32.
Ἐγὼ βρῶσιν ἔχω φαγεῖν, ἣν ὑμεῖς οὐκ οἴδατε........ οὐδὲν δὲ εἰς τὴν λέξιν εἶπεν ὁ Ἡρακλέων.

30. Ibid. xiii. 35 (R. iv. 245; L. ii. 65).

Jo. iv. 33.
Ἔλεγον οὖν οἱ μαθηταὶ πρὸς ἀλλήλους Μή τις ἤνεγκεν αὐτῷ φαγεῖν; εἰ καὶ σαρκικῶς ὑπολαμβάνει ταῦτα λέγεσθαι ὁ Ἡρακλέων ὑπὸ τῶν μαθητῶν, ὡς ἔτι ταπεινότερον διανοουμένων καὶ τὴν Σαμαρεῖτιν μιμουμένων λέγουσαν

Jo. iv. 11.
Οὔτε ἄντλημα ἔχεις, καὶ τὸ φρέαρ ἐστὶ βαθύ· ἄξιον ἡμᾶς 5 ἰδεῖν, μή ποτε βλέποντές τι θειότερον οἱ μαθηταί φασι πρὸς ἀλλήλους Μή τις ἤνεγκεν αὐτῷ φαγεῖν; τάχα γὰρ ὑπενόουν ἀγγελικήν τινα δύναμιν ἐνηνοχέναι αὐτῷ φαγεῖν.

31. Ibid. xiii. 38 (R. iv. 248; L. ii. 70).

Jo. iv. 34.
Ὁ δὲ Ἡρακλέων διὰ τοῦ Ἐμὸν βρῶμά ἐστιν ἵνα ποιήσω τὸ θέλημα τοῦ πέμψαντός με φησὶ διηγεῖσθαι τὸν Σωτῆρα τοῖς μαθηταῖς, ὅτι τοῦτο ὃ συνεζήτει μετὰ τῆς γυναι-

πότης λύχνος, and to fill up part of the gaps by reading κατηγορήσαντας, and in l. 9 καίτοι γε for καίπερ. But small patches in large rents are labour wasted.

κὸς, βρῶμα ἴδιον λέγων τὸ θέλημα τοῦ πατρός· τοῦτο
γὰρ αὐτοῦ τροφὴ καὶ ἀνάπαυσις καὶ δύναμις ἦν. θέ-
λημα δὲ πατρὸς ἔλεγεν εἶναι τὸ γνῶναι ἀνθρώπους τὸν
πατέρα, καὶ σωθῆναι, ὅπερ ἦν ἐργὸν τοῦ Σωτῆρος τοῦ
ἕνεκα τούτου ἀπεσταλμένου εἰς Σαμάρειαν, τουτέστιν
εἰς τὸν κόσμον. βρῶμα οὖν αὐτὸ ἐξείληφε τοῦ Ἰησοῦ καὶ
10 τὴν μετὰ τῆς Σαμαρείτιδος συζήτησιν, ὅπερ νομίζω σαφῶς
παντί τῳ ὁρᾶσθαι καὶ ταπεινῶς ἐξειλῆφθαι καὶ βεβιασμένως.
πῶς δὲ τροφὴ τοῦ Σωτῆρος τὸ θέλημα τοῦ πατρός, σαφῶς οὐ
παρέστησεν· πῶς δὲ καὶ ἀνάπαυσις τὸ θέλημα τοῦ πατρός ;
λέγει γὰρ ὁ Κύριος ἀλλαχοῦ, ὡς οὐ παντὸς τοῦ πατρικοῦ
15 θελήματος ἀναπαύσεως αὐτοῦ ὄντος, Πάτερ, εἰ δυνατόν, Mt. xxvi.
παρελθάτω τὸ ποτήριον ἀπ' ἐμοῦ· πλὴν οὐ τί ἐγὼ θέλω, ἀλλὰ τί 39.
cύ. πόθεν δὲ καὶ ὅτι δύναμις τοῦ Σωτῆρος τὸ θέλημα τοῦ
θεοῦ ;

9 αὐτὸ] αὐτὸν. Cod. Bodl. in margine τάχα αὐτὸ.   καὶ] Cod. Bodl.
in margine τάχα τὸ καὶ παρέλκει.   10 τῆς] τὴν.   17 σύ] σοί.

32. *Ibid.* xiii. 41 (R. IV. 251 ; L. II. 79).

Καὶ ὁ Ἡρακλέων μέντοιγε ὁμοίως τοῖς πολλοῖς ἐπὶ τῆς
λέξεως ἔμεινε, μὴ οἰόμενος αὐτὴν ἀνάγεσθαι. φησὶ γοῦν ὅτι
Τὸν τῶν γεννημάτων λέγει θερισμὸν, ὡς τούτου μὲν ἔτι
διωρίαν ἔχοντος τετράμηνον, τοῦ δὲ θερισμοῦ, οὗ αὐτὸς
5 ἔλεγεν, ἤδη ἐνεστῶτος· καὶ τὸν θερισμὸν δὲ οὐκ οἶδ' ὅπως
ἐπὶ τῆς ψυχῆς ἐξείληφε τῶν πιστευόντων, λέγων ὅτι
Ἤδη ἀκμαῖοι καὶ ἕτοιμοί εἰσι πρὸς θερισμὸν καὶ ἐπι-

3 τὸν] τὸ.   γεννημάτων] γενημάτων.

31. 6. τὸ γνῶναι κ.τ.λ.] Cp. Hipp. *Refut.* vi. 36. As the διόρθωσις of the Hebdomad was effected by imparting to the Demiurge the knowledge of the Father, so it is natural that the διόρθωσις τῶν ἐνθάδε should be accomplished by analogous means.
9. αὐτὸ] The marginal suggestion of the Bodleian seems on the whole to be the best reading; it restores consistency to the passage.

Origen complains first of the interpretation of τὸ θέλημα as βρῶμα καὶ τὴν...συζήτησιν, then as τροφή, then as ἀνάπαυσις, and lastly as δύναμις.
15. πάτερ] The omission of μου and ἐστὶ is found in other authorities, especially among the Valentinians. But this position of ἀπ' ἐμοῦ is not found elsewhere, nor is the τί supported by other authority. See Tischendorf *in loc.*

τήδειοι πρὸς τὸ συναχθῆναι εἰς ἀποθήκην, τουτέστι διὰ πίστεως εἰς ἀνάπαυσιν, ὅσαι γε ἕτοιμοι, οὐ γὰρ πᾶσαι· αἱ μὲν γὰρ ἤδη ἕτοιμοι ἦσαν, φησὶν, αἱ δὲ ἔμελ- λον, αἱ δὲ μέλλουσιν, αἱ δὲ ἐπισπείρονται ἤδη. ταῦτα

Jo. iv. 35. μὲν οὖν ἐκεῖνος εἶπεν. πῶς δὲ οἱ μαθηταὶ ἐπαίροντες τοyc ὀφθαλμοyc δύνανται βλέπειν τὰς ψυχὰς ἤδη ἐπιτηδείους οὔσας πρὸς τὸ, ὡς οἴεται, εἰς ἀποθήκην εἰσαχθῆναι, οὐκ οἶδα εἰ δύναται παραστῆσαι. καὶ ἔτι γε πῶς ἐπὶ τῶν ψυχῶν

Jo. iv. 37, ἀληθὲς τό Ἄλλοc ὁ cπείρων, καὶ ἄλλοc ὁ θερίζων καί Ἀπέcτειλα
38. ὑμᾶc θερίζειν ὃ οὐχ ὑμεῖc κεκοπιάκατε; τινὰ δὲ τρόπον τό Ἄλλοι κεκοπιάκαcι καὶ ὑμεῖc εἰc τὸν κόπον αὐτῶν εἰcεληλύθατε δυνατόν ἐστι παραδέξασθαι ἐπὶ τῆς ψυχῆς;

16 ὁ θερίζων] θερίζων.

33. *Ibid.* xiii. 44 (R. IV. 255; L. II. 85).

Καὶ ἐρεῖ γε ὁ Ἡρακλέων, τάχα δὲ τούτῳ κατὰ τὴν ἐκδοχὴν ταύτην συμπεριφερόμενός τις καὶ ἐκκλησιαστικὸς,

Mt. ix. 37. ὅτι Τῷ κατὰ τό Ὁ θερισμὸc πολύc, οἱ δὲ ἐργάται ὀλίγοι σημαινομένῳ ὁμοίως ταῦτα εἴρηται, τῷ ἑτοίμους πρὸς θερισμὸν καὶ ἐπιτηδείους πρὸς τὸ ἤδη συναχθῆναι εἰς τὴν ἀποθήκην διὰ τῆς πίστεως εἰς ἀνάπαυσιν εἶναι, καὶ ἐπιτηδείους πρὸς σωτηρίαν καὶ παραδοχὴν τοῦ λόγου· κατὰ μὲν τὸν Ἡρακλέωνα διὰ τὴν κατασκευὴν αὐτῶν καὶ τὴν φύσιν· κατὰ δὲ τὸν ἐκκλησιαστικὸν διά τινα εὐτρεπισμὸν τοῦ ἡγεμονικοῦ, ἑτοίμου πρὸς τελείωσιν, ἵνα καὶ θερισθῇ. λεκτέον οὖν πρὸς τοὺς οὕτως ἐκδεξαμένους, εἰ βούλονται παραδέξασθαι μή ποτε γεγονέναι πρὸ τῆς τοῦ Σωτῆρος ἡμῶν ἐπιδημίας θερισμὸν παραπλήσιον τῷ οὕτως ἂν ἐλπισθέντι ἀπὸ τῶν χρόνων τοῦ εὐαγγελικοῦ κηρύγματος;

32. 10. αἱ δὲ] The repetition of αἱ δὲ offended the ear of the scribe of *Cod. Venetus*, so that he substituted καὶ αἱ μὲν for the second αἱ δέ. But the reading of his exemplar is right.

33. 5. ἐπιτηδείους] Cf. *Excerpta ex Theodoto*, § 46, καὶ τοῖς σώμασι κατὰ φύσιν ἐπιτηδειότητα ἐνεποίησεν, which also illustrates διὰ τὴν κατασκευὴν... καὶ τὴν φύσιν.

34. *Ibid.* xiii. 46 (R. IV. 256; L. II. 87).

Ὁ δὲ Ἡρακλέων τό Ὁ θερίζων μιcθὸν λαμβάνει εἰρῆσθαι Jo. iv. 36. νομίζει, Ἐπεὶ θεριστὴν ἑαυτὸν λέγει, φησὶν, ὁ Σωτὴρ, καὶ τὸν μισθὸν τοῦ Κυρίου ἡμῶν ὑπολαμβάνει εἶναι τὴν τῶν θεριζομένων σωτηρίαν καὶ ἀποκατάστασιν τῷ
5 ἀναπαύεσθαι αὐτὸν ἐπ᾽ αὐτοῖς· τὸ δέ καὶ ϲυνάγει καρπὸν εἰϲ ζωὴν αἰώνιον φησὶν εἰρῆσθαι, ἢ ὅτι τὸ συναγόμενον καρπὸς ζωῆς αἰωνίου ἐστὶν, ἢ ὅτι καὶ αὐτὸ ζωὴ αἰώνιος. ἀλλὰ αὐτόθεν νομίζω βίαιον εἶναι τὴν διήγησιν αὐτοῦ, φάσκοντος τὸν Σωτῆρα μιϲθὸν λαμβάνειν, καὶ συγχέοντος τὸν
10 μιϲθὸν καὶ τὴν ϲυναγωγὴν τοῦ καρποῦ εἰς ἕν, ἄντικρυς τῆς γραφῆς δύο πράγματα παριστάσης, ὡς προδιηγησάμεθα.

2 νομίζει] νομίζειν.   7 ἢ ὅτι] ον.

35. *Ibid.* xiii. 48 (R. IV. 260; L. II. 95).

Ὁ δὲ Ἡρακλέων τό Ἵνα ὁ ϲπείρων ὁμοῦ χαίρῃ καὶ ὁ θερί- Jo. iv. 36. ζων οὕτω διηγήσατο· Χαίρει μὲν γὰρ, φησὶν, ὁ σπείρων ὅτι σπείρει, καὶ ὅτι ἤδη τινὰ τῶν σπερμάτων αὐτοῦ συνάγεται, ἐλπίδα ἔχων τὴν αὐτὴν καὶ περὶ τῶν
5 λοιπῶν· ὁ δὲ θερίζων ὁμοίως τι καὶ θερίσει. ἀλλ᾽ ὁ μὲν πρῶτος ἤρξατο σπείρων, ὁ δεύτερος θερίζων. οὐ γὰρ ἐν τῷ αὐτῷ ἐδύναντο ἀμφότεροι ἄρξασθαι· ἔδει γὰρ πρῶτον σπαρῆναι, εἶθ᾽ ὕστερον θερισθῆναι. παυσαμένου μέντοιγε τοῦ σπείροντος σπείρειν, ἔτι

34. 7. Delarue's emendation ἢ ὅτι is by no means 'absque causa' (see Lommatzsch). Whence Huet derived ὅ I do not know. It is the reading of no MS. and suits neither grammar nor sense. We must assume that a corruption of οτι to ον led to the omission of the ἤ.

35. 3. ἤδη] *Cod. Venetus* has altered ἤδη to εἴδη, but the original reading is preferable. Different kinds or classes of seeds are not insisted upon, nor do they, so far as we know, form part of the Heracleonic doctrine. The sowing of this υἱὸς ἀνθρώπου, whoever he was, must refer to the sowing by a higher power of the pneumatic seeds in the creatures of the Demiurge, and the πνευματικοί are not divided into different classes, so far as is known. The ἤδη is also forcible. He rejoices in that he is *already* gathering in the earnest of the rest. For a similar confusion of η and ει in *Cod. Venetus*, cf. Frag. 20, ὡς ᾔδει πιστήν for ὡς ἤδη πιστήν.

θεριεῖ ὁ θερίζων. ἐπὶ μέντοι τοῦ παρόντος ἀμφότεροι τὸ ἴδιον ἔργον ἐνεργοῦντες ὁμοῦ χαίρουσι, κοινὴν χαρὰν τὴν τῶν σπερμάτων τελειότητα ἡγούμενοι.

Jo. iv. 37. ἔτι δὲ καὶ εἰς τό Ἐν τούτῳ ἐςτὶν ὁ λόγος ἀληθινός, ὅτι ἄλλος ἐςτιν ὁ ςπείρων, καὶ ἄλλος ὁ θερίζων φησίν Ὁ μὲν γὰρ ὑπὲρ τὸν τόπον υἱὸς ἀνθρώπου σπείρει· ὁ δὲ Σωτὴρ ὢν καὶ αὐτὸς υἱὸς ἀνθρώπου θερίζει, καὶ θεριστὰς πέμπει τοὺς διὰ τῶν μαθητῶν νοουμένους ἀγγέλους, ἕκαστον ἐπὶ τὴν ἑαυτοῦ ψυχήν· οὐ πάνυ δὲ σαφῶς ἐξέθετο τοὺς δύο υἱοὺς τοῦ ἀνθρώπου, τίνες εἰσὶν, ὧν ὁ εἷς ςπείρει καὶ ὁ εἷς θερίζει.

10 ἐπὶ] ἐπεί. 15 υἱὸς] υἱὸν.

36. *Ibid.* xiii. 49 (R. iv. 263; L. ii. 99).

Εἰ δὲ ἅγιοι ἄγγελοί εἰσιν οἱ τὰς λοιπὰς μερίδας παρὰ τὴν ἐκλεκτὴν εἰληχότες καὶ ἐπὶ τῆς διασπορᾶς τῶν ψυχῶν τεταγμένοι, οὐδέν ἐστιν ἄτοπον τὸν ςπείροντα ὁμοῦ χαίρειν καὶ τὸν θερίζοντα μετὰ τὸν θερισμόν. ὁ δ᾽ Ἡρακλέων φησὶν ὅτι Οὐ δι᾽ αὐτῶν, οὐδὲ ἀπ᾽ αὐτῶν ἐσπάρη ταῦτα τὰ σπέρματα, φησὶ δὲ τῶν ἀποστόλων, οἱ δὲ κεκοπιακότες

Jo. iv. 36.

5 οὐ δι᾽ αὐτῶν] οὐ δὲ αὐτῶν.

15, 16. As Origen says, the two 'sons of man' are not clearly explained. Probably they answer to the two beings whose temporary union in Jesus of Nazareth Irenaeus criticises so strongly. The 'Son of man' who is ὑπὲρ τὸν τόπον may be identified with Sophia's husband: or the two 'sons' may be the Christ whose flight Sophia mourned, and the Jesus whom the Christ entreated the Father to send to her, διορθῶσαι τὰ πάθη αὐτῆς, and who became her σύζυγος. The last will suit best the interpretation of ὁ ἐν αἰῶνι καὶ οἱ σὺν αὐτῷ ἐλθόντες (Frag. 22). But the data are insufficient, and such identification must be pure conjecture. For τόπος cf. Frag. 40. It must be the τόπος μεσότητος or ἑβδομὰς which is described by Hippolytus as ὑποκάτω τῆς ὀγδοάδος where Sophia and her σύζυγος dwell. For the sowing compare Hippolytus *Refut.* vi. 34.

17, 18. ἕκαστον ἐπὶ τὴν ἑαυτοῦ ψυχήν] Cf. *Excerpta ex Theod.* § 64, τὰ πνευματικά...κομιζόμενα καὶ αὐτὰ τοὺς νυμφίους τοὺς ἀγγέλους ἑαυτῶν εἰς τὸν νυμφῶνα ἐντὸς τοῦ ὅρου εἰσίασιν. ψυχὴ is here probably used in its wider sense. See also Irenaeus i. vii. 1, νύμφας ἀποδοθήσεσθαι τοῖς περὶ τὸν Σωτῆρα ἀγγέλοις.

THE EXTANT FRAGMENTS OF HERACLEON. 89

εἰσὶν οἱ τῆς οἰκονομίας ἄγγελοι, δι' ὧν ὡς ΜΕϹΙΤῶΝ
ἐσπάρη καὶ ἀνετράφη. εἰς δὲ τό Ὑμεῖϲ εἰϲ τὸν κόπον
ΑΥ̓ΤῶΝ εἰϲεληλύθατε ταῦτα ἐξέθετο· Οὐ γὰρ ὁ αὐτὸς κόπος
10 σπειρόντων καὶ θεριζόντων· οἱ μὲν γὰρ ἐν κρύει καὶ
ὕδατι καὶ κόπῳ τὴν γῆν σκάπτοντες σπείρουσι, καὶ
δι' ὅλου χειμῶνος τημελοῦσι σκάλλοντες καὶ τὰς
ὕλας ἐκλέγοντες· οἱ δὲ εἰς ἕτοιμον καρπὸν εἰσελθόντες
θέρους εὐφραινόμενοι θερίζουσιν. ἔξεσται δὲ συγκρί-
15 νοντι τάδε ὑφ' ἡμῶν εἰρημένα τῷ ἐντυγχάνοντι καὶ τὰ ὑπὸ
τοῦ Ἡρακλέωνος, ὁρᾶν ὁποία τῶν διηγήσεων ἐπιτετεῦχθαι
δύναται.

7 οἱ] ὁ. 9 κόπος] σκοπός.

Cf. Gal. iii. 19. Jo. iv. 38.

37. *Ibid.* xiii. 50 (R. IV. 263; L. II. 101).

Ὁ δὲ Ἡρακλέων τὸ μέν Ἐκ τῆϲ πόλεωϲ ἀντὶ τοῦ Ἐκ τοῦ
κόσμου ἐξείληφε· τὸ δέ ΔΙᾺ τὸν λόγον τῆϲ Γυναικὸϲ τουτ-
έστι διὰ τῆς πνευματικῆς ἐκκλησίας. καὶ ἐπισημαί-
νεταί γε τό πολλοὶ ὡς πολλῶν ὄντων ψυχικῶν· τὴν δὲ
5 μίαν λέγει τὴν ἄφθαρτον τῆς ἐκλογῆς φύσιν, καὶ μονο-
ειδῆ, καὶ ἐνικήν. ἔστημεν δὲ ἐν τοῖς ἀνωτέρω, ὡς οἷόν τε
ἦν, πρὸς ταῦτα.

1 τό] τοῖς. 6 οἷόν τε] οἰονται.

Jo. iv. 39.

36. 7. οἱ τῆς οἰκονομίας ἄγγελοι] Compare the 70 λόγοι projected by Sophia and her σύζυγος.

7, 8. δι' ὧν ὡς μεσιτῶν ἐσπάρη] There is a very close parallel to this in *Excerpta ex Theod.* § 53, ἔσχεν...ὑπὸ τῆς σοφίας ἐνσπαρὲν τὸ σπέρμα τὸ πνευματικὸν εἰς τὴν ψυχήν, διαταγεὶς, φησὶ, δι' ἀγγέλων ἐν χειρὶ μεσίτου...δι' ἀγγέλων οὖν τῶν ἀρρένων τὰ σπέρματα ὑπηρετεῖται τὰ εἰς γένεσιν προβληθέντα. For διαταγεὶς Heinrici proposes διαταγὲν (*Die Val. Gn.* p. 118), but we may regard it as a quotation.

9. κόπος] The description which follows is of the method, not the aim of the work: σκοπὸς therefore would not give the required sense.

12. τημελοῦσι] The reading of *Cod. Monacensis* τῇ μέλουσιν may account for Huet's τῇ μέλλουσι (ad *marg.* τημελοῦσι) which Delarue, following his general custom, attributes to *Codex Regius*.

37. 2. ἐξείληφε] The following double constructions are found with ἐκλαμβάνειν: (1) accusative followed by ἐπί with the genitive, τὸν θερισμὸν ἐπὶ τῆς ψυχῆς ἐξείληφε τῶν πιστευόντων (Fr. 32), (2) accusative followed by ἀντὶ τοῦ or τουτέστι as in this fragment, (3) accusative or quoted nominative followed by accusative, ἐξείληφε πάντα τὸν κόσμον κ.τ.λ. (Fr. 1), cf. also Fr. 47.

4. πολλοί] Cf. *Excerpta ex Theod.* § 56, οὐ πολλοὶ δὲ οἱ ψυχικοί, σπάνιοι δὲ οἱ πνευματικοί.

38. *Ibid.* xiii. 51 (R. IV. 265; L. II. 103).

Jo. iv. 40. Ὁ δὲ Ἡρακλέων εἰς τοὺς τόπους ταῦτά φησιν, Παρ' αὐτοῖc ἔμεινε καὶ οὐκ ἐν αὐτοῖς· καὶ δύο ἡμέραc, ἤτοι τὸν ἐνεστῶτα αἰῶνα, καὶ τὸν μέλλοντα τὸν ἐν γάμῳ, ἢ τὸν πρὸ τοῦ πάθους αὐτοῦ χρόνον, καὶ τὸν μετὰ τὸ πάθος, ὃν παρ' αὐτοῖς ποιήσας, πολλῷ πλείονας διὰ τοῦ ἰδίου λόγου ἐπιστρέψας εἰς πίστιν, ἐχωρίσθη ἀπ' αὐτῶν. λεκτέον δὲ πρὸς τὴν δοκοῦσαν αὐτοῦ παρατήρησιν, ὅτι παρ' αὐτοῖc καὶ οὐκ ἐν αὐτοῖς γέγραπται, ὅτι

Mt. xxviii. 20. ὅμοιον τῷ παρ' αὐτοῖc ἐστὶ τό Ἰδού, ἐγὼ μεθ' ὑμῶν εἰμι πάcαc τὰc ἡμέραc· οὐ γὰρ εἶπεν Ἐν ὑμῖν εἰμι. ἔτι δὲ λέγων τὰς δύο ἡμέραc ἤτοι τοῦτον τὸν αἰῶνα εἶναι καὶ τὸν μέλλοντα, ἢ τὸν πρὸ τοῦ πάθους καὶ τὸν μετὰ τὸ πάθος, οὔτε τοὺς ἐπερχομένους αἰῶνας μετὰ τὸν μέλλοντα νενόηκεν, περὶ ὧν

Eph. ii. 7. φησὶν ὁ ἀπόστολος Ἵνα ἐνδείξηται ἐν τοῖς αἰῶcι τοῖς ἐπερχομένοιc· οὔτε ὁρᾷ ὅτι οὐ μόνον Πρὸ τοῦ πάθους καὶ Μετὰ τὸ πάθος σύνεστι τοῖς ἐρχομένοις πρὸς αὐτὸν ὁ Ἰησοῦς, ἀλλὰ καὶ μετὰ τοῦτο οὐ χωρίζεται. ἀεὶ γὰρ μετὰ τῶν μαθητῶν ἐστι, μηδεπώποτε καταλείπων αὐτούς, ὥστε καὶ

Gal. ii. 20. λέγειν αὐτούς Ζῶ δὲ οὐκέτι ἐγώ, ζῇ δὲ ἐν ἐμοὶ Χριcτόc.

5 ὅν] ὁ.   12 τὸν μετὰ τὸ πάθος] om. τόν.   13 μέλλοντα] μέλλον.
17 ἀλλά] om.   οὐ] om.

38. 15, 16. καὶ μετὰ τὸ πάθος] The ἀλλά, which is absent from both *Cod. Monacensis* and *Cod. Venetus*, but has been independently inserted before these words by each of their descendants *Regius* and *Bodleianus*, has been accepted by the editors, including Hilgenfeld. But though after οὐ μόνον an ἀλλά is required, this is not the right place for it. Heracleon has admitted that Christ is with them πρὸ τοῦ πάθους and μετὰ τὸ πάθος also, but has not seen that even after this there has been no χωρισμός, for (Origen says) ἀεὶ μετὰ τῶν μαθητῶν ἐστίν. The ἀλλά must therefore be inserted before καὶ μετὰ τοῦτο. Hilgenfeld's insertion of οὐ before χωρίζεται is of course necessary, unless indeed we can regard the words μετὰ τοῦτο χωρίζεται as a continuation of the quotation of Heracleon's words, and so negatived by the οὐ μόνον, but the sentence would then be very awkward. This is not the only instance where a negative has probably dropped out. Cf. [μὴ] ἐν τῇ πόλει (Frag. 27).

THE EXTANT FRAGMENTS OF HERACLEON. 91

39. *Ibid.* xiii. 52 (R. IV. 267; L. II. 108).

Ἡρακλέων δὲ ἁπλούστερον ἐκλαβὼν τό Ουκετι διὰ την Jo. iv. 42. cην λαλίαν πιστεγομεν φησὶ Λείπειν τὸ μόνην· ἔτι μὲν γὰρ πρὸς τό Αγτοὶ Γὰρ ἀκηκόαμεν, καὶ οἴδαμεν ὅτι ογτόc ἐcτιν ὁ Σωτὴρ τογ κόcμογ φησίν Οἱ γὰρ ἄνθρωποι τὸ μὲν πρῶτον 5 ὑπὸ ἀνθρώπων ὁδηγούμενοι πιστεύουσι τῷ Σωτῆρι, ἐπὰν δὲ ἐντύχωσι τοῖς λόγοις αὐτοῦ, οὗτοι οὐκέτι διὰ μόνην ἀνθρωπίνην μαρτυρίαν, ἀλλὰ δι' αὐτὴν τὴν ἀλήθειαν πιστεύουσιν.

40. *Ibid.* xiii. 59 (R. IV. 274; L. II. 123).

Ἔοικε δὲ Βαcιλικὸν ὁ Ἡρακλέων λέγειν τὸν Δημιουργόν, ἐπεὶ καὶ αὐτὸς ἐβασίλευε τῶν ὑπ' αὐτόν· διὰ δὲ τὸ μικρὰν αὐτοῦ καὶ πρόσκαιρον εἶναι τὴν βασιλείαν, φησὶ, Βαcιλικὸc ὠνομάσθη, οἱονεὶ μικρός τις βασιλεὺς 5 ὑπὸ καθολικοῦ βασιλέως τεταγμένος ἐπὶ μικρᾶς βασιλείας· τὸν δὲ ἐν Καφαρναογμ υἱὸν αὐτοῦ διηγεῖται τὸν ἐν τῷ ὑποβεβηκότι μέρει τῆς μεσότητος τῷ πρὸς θάλασσαν, τουτέστι τῷ συνημμένῳ τῇ ὕλῃ, καὶ λέγει ὅτι Ὁ ἴδιος αὐτοῦ ἄνθρωπος ἀσθενῶν, τουτέστιν οὐ κατὰ 10 φύσιν ἔχων, ἐν ἀγνοίᾳ καὶ ἁμαρτήμασιν ἦν· εἶτα τό

4 φησὶ] φησὶν τὴν βασιλείαν. 10 ἀγνοίᾳ] ἀγνεία.

39. 3. ὅτι οὗτος] For the omission of ἀληθῶς see Tischendorf *in loc.*
5. With the idea of human mediation suggested here, cf. *Exc. ex Theod.* § 58, καὶ δι' αὐτῶν καὶ τὰ τούτοις ὁμοιοῦντα.
40. 4. φησὶ] The error of Cod. Monac. in repeating τὴν βασιλείαν after φησὶ led to the omission of φησὶ in Cod. Regius, and consequently in the Editions. It is also independently omitted in Cod. Bodleianus, for Cod. Venetus has retained it.
5. καθολικός] Cf. *Excerpt. ex Theod.* § 47, where ὁ Σωτὴρ is described as δημιουργὸς καθολικός.

7. μεσότητος] The μεσότης here is clearly the same as the τόπος [μεσότητος] of Hippolytus, *Refut.* vi. 32, called also ἑβδομάς. In the lower part of this, which is most deeply involved in ὕλη, here represented by Capernaum, the ἴδιος υἱός lies. In connexion with Origen's interpretation of the βασιλικός as representing Abraham, it is interesting to notice Hippolytus, *Refut.* vi. 34, προέβαλε καὶ ὁ δημιουργὸς ψυχάς· αὕτη γὰρ οὐσία ψυχῶν· οὗτός ἐστι κατ' αὐτοὺς Ἀβραάμ καὶ ταῦτα τοῦ Ἀβραάμ τὰ τέκνα. Heracleon might have accepted Origen's interpretation of the βασιλικός and his son.

92   THE EXTANT FRAGMENTS OF HERACLEON.

Jo. iv. 54. Ἐκ τῆς Ἰουδαίας εἰς τὴν Γαλιλαίαν ἀντὶ τοῦ ἐκ τῆς ἄνωθεν
Jo. iv. 47. Ἰουδαίας. οὐκ οἶδα δὲ ὅπως εἰς τό Ἤμελλεν ἀποθνήσκειν
κινηθεὶς οἴεται ἀνατρέπεσθαι τὰ δόγματα τῶν ὑποτι-
θεμένων ἀθάνατον εἶναι τὴν ψυχήν, εἰς τὸ αὐτὸ συμ-
Mt. x. 28. βάλλεσθαι ὑπολαμβάνων καὶ τό Ψυχὴν καὶ σῶμα ἀπόλλυσθαι 15
ἐν γεέννῃ. καὶ οὐκ ἀθάνατόν γε εἶναι ἡγεῖται τὴν ψυχὴν
ὁ Ἡρακλέων, ἀλλ᾽ ἐπιτηδείως ἔχουσαν πρὸς σωτηρίαν,
1 Cor. xv. αὐτὴν λέγων εἶναι Τὸ ἐνδυόμενον ἀφθαρσίαν φθαρτόν,
53, 54.
Cf. Is. xxv. καὶ ἀθανασίαν θνητόν, ὅταν καταποθῇ ὁ θάνατος αὐτῆς
8.
Jo. iv. 48. εἰς νῖκος. πρὸς τούτοις καὶ τό Ἐὰν μὴ σημεῖα καὶ τέρατα 20
ἴδητε οὐ μὴ πιστεύσητε λέγεσθαι φησὶν οἰκείως πρὸς τὸ
τοιοῦτον πρόσωπον, δι᾽ ἔργων φύσιν ἔχον καὶ δι᾽ αἰ-
σθήσεως πείθεσθαι, καὶ οὐχὶ λόγῳ πιστεύειν. τὸ δέ
Jo. iv. 49. Κατάβηθι, πρὶν ἀποθανεῖν τὸ παιδίον μου διὰ τὸ τέλος εἶναι
Cf. Rom. τοῦ νόμου τὸν θάνατον εἰρῆσθαι νομίζει, ἀναιροῦντος 25
vi. 21. διὰ τῶν ἁμαρτιῶν· πρὶν τελέως οὖν, φησί, θανατωθῆναι
κατὰ τὰς ἁμαρτίας, δεῖται ὁ πατὴρ τοῦ μόνου Σω-

20 νῖκος] νεῖκος.

11, 12. ἐκ τῆς ἄνωθεν Ἰουδαίας] Cod. Monac. has the true reading τῆς, though all its descendants have erred. For the phrase, cf. Frag. 13, where the ψυχικὸς τόπος, represented by Ἱεροσόλυμα, is said to be an εἰκὼν of Ἱερουσαλήμ, i.e. ἡ ἄνω Ἱερουσαλήμ. See also Hipp. Refut. vi. 32, where the Ogdoad is called Ἱερουσαλὴμ ἐπουράνιος.

15, 16. The text is the reading of Monac. and Ven. The Syrian reading has been adopted by the descendants.

16 ff. Heracleon's language with regard to the immortality of the soul vividly recalls Hipp. Refut. vi. 32, θνητή τις ἐστὶν ἡ ψυχή, μεσότης τις οὖσα· ἔστι γὰρ ἑβδομὰς καὶ κατάπαυ-σις......Ἐὰν οὖν ἐξομοιωθῇ τοῖς ἄνω, τῇ ὀγδοάδι, ἀθάνατος ἐγένετο καὶ ἦλθεν εἰς τὴν ὀγδοάδα, ἥτις ἐστί, φησίν, Ἱερουσαλὴμ ἐπουράνιος, ἐὰν δὲ ἐξο-μοιωθῇ τῇ ὕλῃ, τουτέστι τοῖς πάθεσι τοῖς ὑλικοῖς, φθαρτή ἐστι καὶ ἀπόλ-λυται (ms. ἔσται καὶ ἀπώλετο). It should be noticed that this is one of the passages where by the use of φησί and λέγει Hippolytus shews that he is quoting from a single document. Cf. also Excerpt. ex Theod. 56, τὸ δὲ ψυχικόν, ἀντεξού-σιον ὂν ἐπιτηδειότητα ἔχει πρός τε πίστιν καὶ ἀφθαρσίαν, καὶ πρὸς ἀπι-στίαν καὶ φθοράν.

22, 23. It may be well, in view of the extremely difficult criticisms of Origen on Heracleon's interpretation of this whole passage, to state what appears to be Heracleon's position so far as it can be gathered. He seems to have affirmed that ψυχή is τὸ φθαρτὸν τὸ ἐνδυόμενον ἀφθαρσίαν. Its death comes διὰ τὸ τέλος εἶναι τοῦ νόμου τὸν θάνατον, ἀναιροῦντος διὰ τῶν ἁμαρτιῶν, for of course the children of the Demiurge are under the Law.

THE EXTANT FRAGMENTS OF HERACLEON. 93

τήρος, ίνα βοηθήση τω υίω, τουτέστι τη τοιάδε φύσει.
πρὸς τούτοις τό Ὁ γἰὸc coy zῇ κατὰ ἀτυφίαν εἰρῆσθαι Jo. iv. 50.
30 τῷ Σωτῆρι ἐξείληφεν, ἐπεὶ οὐκ εἶπε Ζήτω οὐδὲ ἐνέφηνεν
αὐτὸς παρεσχῆσθαι τὴν ζωήν. λέγει δὲ ὅτι Καταβὰς
πρὸς τὸν κάμνοντα καὶ ἰασάμενος αὐτὸν τῆς νόσου,
τουτέστι τῶν ἁμαρτιῶν, καὶ διὰ τῆς ἀφέσεως ζωο-
ποιήσας εἶπεν Ὁ γἰὸc coy zῇ· καὶ ἐπιλέγει πρὸς τό Ἐπί- Jo. iv. 53.
35 cτεγceν ὁ ἄΝθρωπος· ὅτι Εὔπιστος καὶ ὁ Δημιουργός
ἐστιν, ὅτι δύναται ὁ Σωτὴρ καὶ μὴ παρὼν θεραπεύειν.
Δοýλοyc δὲ τοŷ Βασιλικοŷ ἐξείληφε τοὺς ἀγγέλους τοῦ
Δημιουργοῦ, ἀπαγγέλλοντας ἐν τῷ Ὁ πᾶῖc coy zῇ
ὅτι οἰκείως καὶ κατὰ τρόπον ἔχει, πράσσων μηκέτι
40 τὰ ἀνοίκεια. καὶ διὰ τοῦτο νομίζει ἀπαγγέλλειν τῷ
βασιλικῷ τοὺς δούλους τὰ περὶ τῆς τοῦ υἱοῦ σωτη-
ρίας, ἐπεὶ καὶ πρώτους οἴεται βλέπειν τὰς πράξεις
τῶν ἐν τῷ κόσμῳ ἀνθρώπων τοὺς ἀγγέλους, εἰ ἐρρω-
μένως καὶ εἰλικρινῶς πολιτεύοιντο ἀπὸ τῆς τοῦ
45 Σωτῆρος ἐπιδημίας. ἔτι πρὸς τὴν ἑΒΔοΜΗΝ ἅ ραν λέγει
ὅτι Διὰ τῆς ὥρας χαρακτηρίζεται ἡ φύσις τοῦ ἰαθέν-
τος. ἐπὶ πᾶσι τό Ἐπίcτεyceν αýτὸc καὶ ἡ οἰκία αýτοŷ ὅλη
διηγήσατο ἐπὶ τῆς ἀγγελικῆς εἰρῆσθαι τάξεως, καὶ
ἀνθρώπων τῶν οἰκειοτέρων αὐτῷ. ζητεῖσθαι δέ φησι
50 περί τινων ἀγγέλων, εἰ σωθήσονται, τῶν κατελθόντων
ἐπὶ τὰς τῶν ἀνθρώπων θyγατέρας. καὶ τῶν ἀνθρώπων Gen. vi. 2.
δὲ τοῦ Δημιουργοῦ τὴν ἀπώλειαν δηλοῦσθαι νομίζει
ἐν τῷ Οἱ γίοὶ τῆς Βασιλείας ἐξελεýcονται εἰς τὸ cκýτοc τὸ ἐξώ- Mt. viii.
τερον. καὶ περὶ τούτων τὸν Ἡσαίαν προφητεύειν τό 12.
55 Υἱοýς ἐγέννηcα καὶ ŷψωcα, αýτοὶ δέ Με ἠθέτηcαν, οὕστινας γίοýc Is. i. 2.
ἀλλοτρίους καὶ cπέρΜα πονηρὸν καὶ ἄνοΜον καλεῖ καὶ Cf. Is. i. 4.
ἀΜπελῶΝα ἀκάνθας ποιήcαντα. καὶ ταῦτα μὲν τὰ Ἡρα- Cf. Is. v.
κλέωνος, ἅπερ τολμηρότερον καὶ ἀσεβέστερον εἰρημένα ἐχρῆν 1, 2.
μετὰ πολλῆς κατασκευῆς ἀποδεδεῖχθαι, εἴπερ ἦν ἀληθῆ. οὐκ
60 οἶδα δὲ πῶς καὶ περὶ ἀθανασίας ψυχῆς ἀπιστεῖ, μὴ ἐκλαβὼν

39 ἔχει] ἔχειν. 51 ἀνθρώπων] bis. 59 ἀποδεδεῖχθαι] ἀποδεδεχθαι.

35. εὔπιστος] On this point the Irenaeus I. vii. 4.
Valentinians seem to have been 37. For the angels of the Demi-
agreed. See Hipp. *Refut.* vi. 36; urge cf. *Excerpt. ex Theod.* § 47.

94   THE EXTANT FRAGMENTS OF HERACLEON.

Ez. xviii. 4.

πόσα σημαίνεται ἐκ τῆς θάνατος φωνῆς. καθορῶντα γὰρ ἔδει τὸ σημαινόμενον μετ' ἐπισκέψεως καὶ ἀκριβείας ἰδεῖν εἰ κατὰ πάντα τὰ σημαινόμενα θνητή ἐστιν. εἰ μὲν γὰρ ὅτι δεκτικὴ ἁμαρτίας, ψγχη δὲ ἡ ἁμαρτάνογςα ἀγτη ἀποθανεῖται, καὶ ἡμεῖς ἐροῦμεν αὐτὴν θνητήν. εἰ δὲ τὴν παντελῆ διάλυσιν 65 καὶ ἐξαφανισμὸν αὐτῆς θάνατον νομίζει, ἡμεῖς οὐ προσησόμεθα, οὐδὲ μέχρι ἐπινοίας ἰδεῖν δυνάμενοι οὐσίαν θνητὴν μεταβάλλουσαν εἰς ἀθάνατον καὶ φύσιν φθαρτὴν ἐπὶ τὸ ἄφθαρτον· ὅμοιον γὰρ τοῦτο τῷ λέγειν μεταβάλλειν τι ἀπὸ σώματος εἰς ἀσώματον, ὡς ὑποκειμένου τινὸς κοινοῦ τῆς τῶν 70 σωμάτων καὶ ἀσωμάτων φύσεως, ὅπερ μένει ὥσπερ μένειν φασὶ τὸ ὑλικὸν οἱ περὶ ταῦτα δεινοί, τῶν ποιοτήτων μεταβαλλουσῶν εἰς ἀφθαρσίαν. οὐ ταὐτὸν δέ ἐστι τὴν φθαρτην φύσιν ἐνδύεςθαι ἀφθαρςίαν καὶ τὸ τὴν φθαρτὴν φύσιν μεταβάλλειν εἰς ἀφθαρσίαν. τὰ δ' αὐτὰ καὶ περὶ τῆς θνητης 75 λεκτέον, οὐ μεταβαλλούσης μὲν εἰς ἀθαναςίαν, ἐνδγομένης δὲ αὐτήν. ἔτι ἐπείπερ τὴν ψυχικὴν φύσιν ᾠήθη δι' ἔργων καὶ αἰσθήσεως πείθεσθαι οὐχὶ δὲ λόγων, πευσόμεθα αὐτοῦ περὶ Παύλου ποίας φύσεως ἦν. εἰ μὲν γὰρ πνευματικῆς, πῶς διὰ τῆς τεραστίου ἐπιφανείας πεπίστευκεν; εἰ δ' 80 οὐκ ἄλλως ἐδύνατο πιστεύειν ἢ διὰ τῆς τεραστίου ἐπιφανείας ἀκολουθεῖ κατ' αὐτοὺς καὶ αὐτὸν εἶναι ψυχικόν. πῶς δὲ οὐκ ἀσεβὲς τὸ πρὸ τοῦ Δημιουργοῦ τοὺς ἀγγέλους αὐτοῦ θεωρεῖν τὸ ἐρρωμένον καὶ τὸ εἰλικρινὲς τῆς πολιτείας τῶν ὑπὸ τῆς δυνάμεως τοῦ Σωτῆρος βελτιωθέντων, καὶ παρὰ 85 τὸ ἐναργὲς τοῦ περὶ τοῦ Δημιουργοῦ λόγου, ἔτι δὲ καὶ παρὰ

Jer. xxiii. 24.

τὴν γραφὴν τὴν λέγουσαν Εἰ κργβήςεται ἄνθρωπος ἐν κργφαίοις

61 καθορῶντα] καθαραντα.   79, 80 πνευματικῆς] πνευματικῆ.   πῶς] ὅπως.
80, 81 τεραστίου] τεραστείου.   83 οὐκ] καί.

61. καθορῶντα] Though the following criticisms of Origen contain no new matter of Heracleon, the whole chapter must be examined together. I have therefore thought it better to print it in full. The criticisms are not easy to follow. So far as he has stated Heracleon's views, the confutation of μεταβάλλειν εἰς ἀθανασίαν is not to the point, for Heracleon has only made use of such expressions as ἐνδύεσθαι ἀθανασίαν κ.τ.λ. which Origen allows to be οὐ ταὐτόν. For Origen's argument with regard to μεταβάλλειν see Aristotle, Met. Λ. 2 (1069 b), οὐ γὰρ τὰ ἐναντία μεταβάλλει. ἔτι τὸ μὲν ὑπομένει, τὸ δ' ἐναντίον οὐχ ὑπομένει· ἔστιν ἄρα τι τρίτον παρὰ τὰ ἐναντία, ἡ ὕλη.

THE EXTANT FRAGMENTS OF HERACLEON. 95

κἀγὼ ογκ ὄψομαι αγτόν; καί Κγριος ἐτάzων νεφρογc καὶ καρΔίαc, Ps. vii. 10.
καί Κγριοc γινώcκων τογc Διαλογιcμογc τῶν ἀνθρώπων κᾶν (xciv.) 11.
90 ὦcι μάταιοι; πῶς δὲ σώσει καὶ τό 'Ο εἰΔὼc τὰ πάντα πρὶν Hist.
γενέcεωc αγτῶν;   ἔτι δὲ μᾶλλον †ἡ φύσις χαρακτηρί- 42.
ζεται τοῦ ἰαθέντος ἀπὸ τοῦ ἀριθμοῦ τῆς ὥρας εἴη
φύσις τῆς ἰάσεως γινομένη † τῷ οἰκείῳ τῇ ἀναπαύσει ἀριθ-
μῷ. τὸ δὲ διαφθορὰς εἶναι ψυχικῶν, ἐπὶ τέλει ὧν ἐξεθέ-
95 μεθα ὑπ' αὐτοῦ εἰρημένων ἀναγεγραμμένον, ὁμωνυμίᾳ χρω-
μένου ἐστὶ, καὶ ἑτέραν φύσιν εἰσάγοντος τετάρτην, ὅπερ οὐ
βούλεται.

41. *Ibid.* xix. 3 (R. IV. 296; L. II. 167).

Ὁ μέντοι γε Ἡρακλέων, ἐκθέμενος τὴν περὶ τοῦ γαζο- Cf. Jo.
φυλακίου λέξιν, οὐδὲν εἶπεν εἰς αὐτήν. εἰς δὲ τό "Οπογ ἐγὼ Jo. viii. 21.
ὑπάγω γμεῖc ογ Δγναcθε ἐλθεῖν φησί Πῶς ἐν ἀγνοίᾳ καὶ
ἀπιστίᾳ καὶ ἁμαρτήμασιν ὄντες ἐν ἀφθαρσίᾳ δύναν-
5 ται γενέσθαι; μηδὲ ἐν τούτῳ κατακούων ἑαυτοῦ· εἰ γὰρ οἱ
ἐν ἀγνοίᾳ καὶ ἀπιστίᾳ καὶ ἁμαρτήμασιν ὄντες ἐν

3 φησί] φησι γάρ.

91. ἔτι δὲ μᾶλλον. Heracleon's own remark on the hour is simple and obvious, when compared with Hippolytus, *Refut.* (ψυχὴ) ἐστὶν ἐβδομὰς καὶ κατάπαυσις. τοῦ ἰαθέντος is equivalent to τοῦ ψυχικοῦ. Whether Origen understood this or not is uncertain, as his criticism is obscured by hopeless corruption in the text. Delarue's εἰ ἡ φύσις χαρακτηρίζεται comes from *Cod. Ven.*, but leaves the sentence impossible and unintelligible. It is tempting to suppose that a good deal of the sentence may have been erroneously inserted from the statement of Heracleon's view above, and that Origen may have written some simple sentence such as ἔτι δὲ μᾶλλον ἡ φύσις χαρακτηρίζεται τοῦ ἰαθέντος, τῷ οἰκείῳ τῇ ἀναπαύσει ἀριθμῷ, but the stages of corruption could not be traced. All is dark, and we can scarcely hope for light.

96. ἑτέραν φύσιν] A reference probably to Origen's argument with regard to μεταβάλλειν. Heracleon would recognize three φύσεις, πνευματική, ψυχική, ὑλική. The διαφθορὰ ψυχικοῦ cannot take place unless we assume ἕτερον ὑποκείμενον which remains while the ποιότητες change. This would be to introduce a fourth φύσις.

41. 4. ἀπιστίᾳ] Cf. *Excerpt. ex Theod.* § 56, quoted above, p. 92.

6. ἐν ἀγνοίᾳ] Hilgenfeld's statement that these words are omitted in *Cod. Regius* appears to originate in the fact that in line 7 it omits

96   THE EXTANT FRAGMENTS OF HERACLEON.

ἀφθαρσίᾳ οὐ δύνανται γενέσθαι, πῶς οἱ ἀπόστολοι ἐν
ἀγνοίᾳ ποτὲ καὶ ἐν ἀπιστίᾳ καὶ ἐν ἁμαρτήμασι γενόμενοι
ἐν ἀφθαρσίᾳ γεγόνασι; δύνανται οὖν οἱ ἐν ἀγνοίᾳ καὶ
ἐν ἀπιστίᾳ καὶ ἐν ἁμαρτήμασι γενόμενοι γενέσθαι ἐν 10
ἀφθαρσίᾳ, εἰ μεταβάλλοιεν, δυνατὸν αὐτοὺς μεταβαλεῖν.

42.   *Ibid.* xix. 4 (R. IV. 302; L. II. 180).

Καὶ ὁ Ἡρακλέων μέντοιγε ὡς ἁπλούστερον εἰρημένου τοῦ
Jo. viii. 22. Μήτι ἀποκτενεῖ ἑαγτόν φησὶν ὅτι Πονηρῶς διαλογιζόμενοι
οἱ Ἰουδαῖοι ταῦτα ἔλεγον καὶ μείζονας ἑαυτοὺς ἀπο-
φαινόμενοι τοῦ Σωτῆρος, καὶ ὑπολαμβάνοντες ὅτι
αὐτοὶ μὲν ἀπελεύσονται πρὸς τὸν θεὸν εἰς ἀνάπαυσιν 5
αἰώνιον, ὁ δὲ Σωτὴρ εἰς φθορὰν καὶ εἰς θάνατον,
ἑαυτὸν διαχειρισάμενος, ὅπου ἑαυτοὺς οὐκ ἐλογίζοντο
ἀπελθεῖν. καὶ αὐταῖς λέξεσί φησιν ὅτι Ὤοντο λέγειν
τὸν Σωτῆρα οἱ Ἰουδαῖοι ὅτι Ἐγὼ ἐμαυτὸν διαχειρι-
σάμενος εἰς φθορὰν μέλλω πορεύεσθαι, ὅπου ὑμεῖς 10
οὐ δύνασθε ἐλθεῖν. οὐκ οἶδα δὲ πῶς κατὰ τὸν εἰπόντα
Jo. viii. 12. Ἐγώ εἰμι τὸ φῶς τοῦ κόσμοy καὶ τὰ ἑξῆς, ἣν λέγειν ὅτι Ἐγὼ
ἐμαυτὸν διαχειρισάμενος εἰς φθορὰν μέλλω πορεύ-
εσθαι. ἐὰν δέ τις λέγῃ μὴ τὸν Σωτῆρα ταῦτα εἰρηκέναι τοὺς
δὲ Ἰουδαίους αὐτὸ ὑπονενοηκέναι, δῆλον ὅτι ἐρεῖ τοὺς Ἰου- 15
δαίους πεφρονηκέναι περὶ αὐτοῦ ὅτι φθείρονται οἱ ἑαυτοὺς
διαχειρισάμενοι, καὶ οὐδὲν ἧττον ἐποίει ταῦτα πιστεύων
φθαρήσεσθαι καὶ κολασθήσεσθαι, ὅπερ ἦν κατὰ πάντα ἠλί-
θιον.

15 αὐτὸ] αὐτῷ.   18, 19 κατὰ πάντα ἠλίθιον] κατηλίθιον.

the ἐν of ἐν ἀγνοίᾳ, a fact which Delarue notices.

The importance of this fragment consists in the fact that Heracleon's interpretation depends on his fundamental error as to φύσις and κατασκευή (see Frag. 17), to which Origen so often rightly takes exception (cf. Fragments 17, 33).

42. 1. ἁπλούστερον] This is not the only case in which Origen's love of

ἀναγωγή has led him into a captious criticism of Heracleon. Cf. Fr. 30, ἀγγελικήν τινα δύναμιν κ.τ.λ.

5. ἀνάπαυσις] For the doctrine of ἀνάπαυσις cf. Irenaeus I. 7. 1; *Excerpt. ex Theod.* §§ 63, 86.

18, 19. κατὰ πάντα ἠλίθιον] As there is no authority for the form κατηλίθιον, I have retained the conjecture of *Cod. Venetus.*

43. *Ibid.* xx. 8 (R. IV. 316; L. II. 211).

Πυνθανοίμεθα δ' ἂν τῶν τὰς φύσεις εἰσαγόντων, καὶ εἰς τό "Ότι ὁ λόγος ὁ ἐμὸς ογ χωρεῖ ἐν γμῖν ἀποδιδόντων κατὰ Jo.viii.37. Ἡρακλέωνα ὅτι Διὰ τοῦτο οὐ χωρεῖ, ὅτι ἀνεπιτήδειοι, ἤτοι κατ' οὐσίαν, ἢ κατὰ γνώμην, πῶς οἱ ἀνεπιτήδειοι
5 κατ' οὐσίαν Ἠκογcαν παρὰ τογ πατρόc; ἀλλὰ καὶ πότερόν Jo.viii.38. ποτε πρόβατα οὗτοι ἦσαν τοῦ Χριστοῦ, ἢ ἀλλότριοι ὑπῆρχον αὐτοῦ; εἰ δὲ ἦσαν ἀλλότριοι, πῶς Ἠκογcαν παρὰ τογ πατρόc, σαφῶς, ὥς οἴονται, λεγομένου πρὸς τοὺς ἀλλοτρίους ὅτι Διὰ Jo.viii.47. τογτο γμεῖc ογκ ἀκογετε, ὅτι ογκ ἐcτὲ ἐκ τῶν προβάτων τῶν Jo. x. 26.
10 ἐμῶν; εἰ μὴ ἄρα θλιβόμενοι ἑτέρῳ ἀτόπῳ ἑαυτοὺς περιβάλλουσι, λέγοντες παρὰ μὲν τογ πατρὸς ἀκηκοέναι τοὺς ἀλλοτρίους, μὴ ἀκούειν δὲ τοὺς αὐτοὺς τούτους παρὰ τοῦ Σωτῆρος. εἰ δ' οἰκεῖοι τοῦ Σωτῆρος ἦσαν καὶ τῆς μακαρίας φύσεως, πῶς ἐζητογν αὐτὸν ἀποκτεῖναι; καὶ πῶς ὁ τοῦ Σω-
15 τῆρος λόγοc ογκ ἐχώρει ἐν αὐτοῖς;

10 ἑαυτοὺς] ἑαυτοὺ̄ς (sic).   12 παρὰ] περί.

44. *Ibid.* xx. 18 (R. IV. 332; L. II. 240).

Ὁ μέντοι γε Ἡρακλέων ὑπολαμβάνει Αἰτίαν ἀποδίδοσθαι τοῦ μὴ Δγναcθαι αὐτοὺς ἀκογειν τὸν Ἰησοῦ λόγον, Jo.viii.43. μηδὲ γινώcκειν αὐτοῦ τὴν λαλιὰν ἐν τῷ Ὑμεῖc ἐκ τογ πατρός τογ Διαβόλογ ἐcτέ. αὐταῖς γοῦν λέξεσί φησι Δι-
5 ατί δὲ ογ Δύναcθε ἀκογειν τὸν λόγον τὸν ἐμόν; ἢ ὅτι Ὑμεῖc ἐκ τογ πατρὸc τογ Διαβόλογ ἐcτέ, ἀντὶ τοῦ Ἐκ Jo. viii. 44. τῆς οὐσίας τοῦ διαβόλου; φανερῶν αὐτοῖς λοιπὸν

2 Ἰησοῦ] Ἰν̄.

43. 4. κατὰ γνώμην] See below, Frag. 46.
8, 9. The words Διὰ τοῦτο ὑμεῖς οὐκ ἀκούετε are quoted in Tischendorf's digest on John x. 26 from this passage: there is no other authority for them, as forming part of the text of that verse.

44. 5, 6. There are traces of corruption. Probably λέγει has dropped out somewhere, in consequence of the φησί, without it the ἀντὶ τοῦ can hardly stand.

B. 7

τὴν φύσιν αὐτῶν, καὶ προελέγξας αὐτούς, ὅτι οὔτε
τοῦ Ἀβραάμ εἰσι τέκνα, οὐ γὰρ ἂν ἐμίσουν αὐτόν,
οὔτε τοῦ θεοῦ, διὸ οὐκ ἠγάπων αὐτόν. καὶ εἰ μὲν τό 10
Ὑμεῖς ἐκ τοῦ πατρὸς τοῦ διαβόλου ἐστέ ἐξεδέξατο ὡς ἐν τοῖς
ἀνωτέρω διηγησάμεθα, καὶ ἔλεγε Διὰ τὸ ἔτι ὑμᾶς εἶναι ἐκ τοῦ
διαβόλου, Οὐ δύνασθε ἀκούειν τὸν λόγον τὸν ἐμόν, κἂν παρε-
δεξάμεθα αὐτοῦ τὴν διήγησιν. νυνὶ δὲ δῆλός ἐστιν ὁμοουσίους
τινὰς τῷ διαβόλῳ λέγων ἀνθρώπους, ἑτέρας, ὡς οἴονται οἱ 15
ἀπ' αὐτοῦ, οὐσίας τυγχάνοντι παρ' οὓς καλοῦσι ψυχικοὺς
ἢ πνευματικούς.

10 οὔτε] οὐδὲ.   13, 14 παρεδεξάμεθα] παραδεξάμεθα.
                        15 οἴονται] οιοντε.

45. *Ibid.* xx. 20 (R. IV. 337; L. II. 250).

Εἰς ταῦτα δὲ ὁ Ἡρακλέων φησί Πρὸς οὓς ὁ λόγος ἐκ
τῆς οὐσίας τοῦ διαβόλου ἦσαν, ὡς ἑτέρας οὔσης τῆς
τοῦ διαβόλου οὐσίας παρὰ τὴν τῶν ἁγίων λογικῶν οὐσίαν.
ὅμοιον δὲ ἐν τούτῳ μοι πεπονθέναι φαίνεται τῷ ἑτέραν
οὐσίαν φάσκοντι ὀφθαλμοῦ παρορῶντος καὶ ἑτέραν ὁρῶντος. 5

46. *Ibid.* xx. 20 (R. IV. 339; L. II. 253).

Jo. viii. 44.   Τοσαῦτα καὶ πρὸς τὸν Ἡρακλέωνος λόγον εἰπόντος τό
Ἐκ τοῦ πατρὸς τοῦ διαβόλου ἀντὶ τοῦ Ἐκ τῆς οὐσίας τοῦ

10. οὐδὲ must probably be altered to οὔτε.

45. 1, 2. ἐκ τῆς οὐσίας τοῦ διαβόλου] With this and the preceding fragment we must compare Hipp. *Refut.* vi. 34, ἐκ τῆς ὑλικῆς οὖν καὶ διαβολικῆς ἐποίησεν ὁ Δημιουργὸς ταῖς ψυχαῖς τὰ σώματα, and ὁ ὑλικὸς, φθαρτὸς, ἀτέλειος, ἐκ τῆς διαβολικῆς οὐσίας πεπλασμένος. The close connection of ὑλικὴ and διαβολικὴ is exactly reproduced in these fragments of Heracleon, where the διαβολικὴ is contrasted with the πνευματικὴ and ψυχικὴ, as a third

class, different in kind. It thus takes the place usually assigned to the ὑλική. See also Irenaeus, and *Excerpta ex Theod.* 48.

3. λογικῶν οὐσίαν] Cf. Hippolytus's account of the projection of the 70 λόγοι It is not necessary to alter the ms. reading, but it is very probably an error of assimilation (due to the preceding genitive), for λογικήν.

46. 2, 3. τοῦ διαβόλου] This seems the only reading that will make sense. The τοῦ πατρὸς of the ms. is doubtless due to the preceding ἐκ τοῦ πατρός.

THE EXTANT FRAGMENTS OF HERACLEON. 99

διαβόλου εἰρήσθω. πάλιν εἰς τό Τὰς ἐπιθυμίας τοῦ πατρὸς
ἡμῶν θέλετε ποιεῖν διαστέλλεται, λέγων Τὸν διάβολον μὴ
5 ἔχειν θέλημα, ἀλλ' ἐπιθυμίας. καὶ ἐμφαίνεται αὐτόθεν
τὸ ἀδιανόητον τοῦ λόγου· θέλειν γὰρ τὰ πονηρὰ πᾶς ἄν τις
ὁμολογήσαι ἐκεῖνον. συνάξεις δὲ καὶ αὐτός, εἰ καὶ ἐπὶ τοῦ
παρόντος ἐν προχείρῳ οὐκ ἔχομεν παραθέσθαι, εἴ που ἐν τῇ
γραφῇ τὸ θέλειν ἐπὶ τοῦ διαβόλου τέτακται. Μετὰ ταῦτά
10 φησιν ὁ Ἡρακλέων ὡς ἄρα Ταῦτα εἴρηται οὐ πρὸς τοὺς
φύσει τοῦ διαβόλου υἱοὺς τοὺς χοικούς, ἀλλὰ πρὸς
τοὺς ψυχικούς, θέσει υἱοὺς διαβόλου γινομένους, ἀφ'
ὧν τῇ φύσει δύνανταί τινες καὶ θέσει υἱοὶ θεοῦ χρη-
ματίσαι. καὶ φησί γε ὅτι Παρὰ τὸ ἠγαπηκέναι τὰς
15 ἐπιθυμίας τοῦ διαβόλου καὶ ποιεῖν τέκνα οὗτοι τοῦ
διαβόλου γίνονται, οὐ φύσει τοιοῦτοι ὄντες. καὶ δια-
στέλλεται ὡς ἄρα Τριχῶς δεῖ ἀκούειν τῆς κατὰ τέκνα
ὀνομασίας, πρῶτον φύσει, δεύτερον γνώμῃ, τρίτον
ἀξίᾳ. καὶ φύσει μὲν, φησὶν, ἐστὶ τὸ γεννηθὲν ὑπό τινος
20 γεννητοῦ, ὃ καὶ κυρίως τέκνον καλεῖται· γνώμῃ δέ,
ὅτε τὸ θέλημά τις ποιῶν τινος διὰ τὴν ἑαυτοῦ γνώμην,
τέκνον ἐκείνου οὗ ποιεῖ τὸ θέλημα καλεῖται· ἀξίᾳ
δὲ καθ' ὃ λέγονταί τινες Γεέννης τέκνα καὶ σκότους Cf. Mt.
καὶ ἀνομίας, καὶ ὄφεων καὶ ἐχιδνῶν Γεννήματα· οὐ xxiii. 15, 33.
25 γὰρ γεννᾷ, φησὶ, ταῦτά τινα τῇ ἑαυτῶν φύσει· φθορο-
ποιὰ γὰρ καὶ ἀναλίσκοντα τοὺς ἐμβληθέντας εἰς
αὐτά, ἀλλ' ἐπεὶ ἔπραξαν τὰ ἐκείνων ἔργα τέκνα αὐ-
τῶν εἴρηται. τοιαύτην δὲ διαστολὴν δεδωκὼς οὐδὲ καθ'
ὁπόσον ἀπὸ τῶν γραφῶν παρεμυθήσατο τὴν ἰδίαν διήγησιν.
30 εἴποιμεν δ' ἂν πρὸς αὐτὸν, ὅτι εἰ μὴ φύσει, ἀλλ' ἀξίᾳ Γεέν-
νης τέκνα ὀνομάζεται καὶ σκότους καὶ ἀνομίας, φθορο-

2, 3 τοῦ διαβόλου] τοῦ πατρός. 6 ἀδιανόητον] διανόητον. 8 ἔχομεν] ἔσχομεν (ut videtur). 23 λέγονται] λέγεται. 28, 29 καθ' ὁπόσον] κατὰ τὸ πόσον. 30 ἀξίᾳ] ἀξίας.

6. ἀδιανόητον] This necessary correction of his exemplar was made by the scribe of Cod. Venetus. Cod. Regius retains the mistake.
23. λέγονται] Here again the scribe of Cod. Ven. has made a necessary alteration.

25. ταῦτά τινα] ταῦτα of course is subject, τινά object. Cf. below οὐχ ὅτι γεννᾷ τινὰς ὁ διάβολος. The insertion of τοιαῦτα (Cod. Venetus after ταῦτα) is not necessary, though perhaps it simplifies the sentence.

7—2

100   THE EXTANT FRAGMENTS OF HERACLEON.

Eph. ii. 3. ποιὰ γὰρ ταῦτα καὶ ἀναλίσκοντα μᾶλλον ἤπερ συνιστάντα, πῶς ὁ Παῦλος φησί που τό Ἤμεθα φύσει τέκνα ὀργῆς ὡς καὶ οἱ λοιποί; ἢ λεγέτωσαν ἡμῖν ὡς οὐκ ἔστιν ἀναλωτικὸν καὶ μάλιστα κατ' αὐτὸν φθοροποιὸν ἡ ὀργή, ἧς τέκνα ἤμε- 35 θα.   πάλιν φησὶν ὅτι Τέκνα τοῦ διαβόλου νῦν λέγει τούτους, οὐχ ὅτι γεννᾷ τινὰς ὁ διάβολος, ἀλλ' ὅτι τὰ ἔργα τοῦ διαβόλου ποιοῦντες ὡμοιώθησαν αὐτῷ. πόσῳ δὲ βέλτιον περὶ πάντων τῶν τοῦ διαβόλου τέκνων

Jo. viii. 41. τοῦτο ἀποφαίνεσθαι, ὡς ὁμοιουμένων αὐτῷ τῷ Ποιεῖν τὰ ἔργα 40 αὐτοῦ, καὶ οὐ διὰ τὴν οὐσίαν καὶ τὴν κατασκευὴν τὴν χωρὶς ἔργων τέκνων διαβόλου χρηματιζόντων;

32, 33 συνιστάντα] συνισ^{σ'} τα (sic).   35 ἡ ὀργὴ ἧς] ἡ ὀργῆς.

47.   *Ibid.* xx. 22 (R. iv. 345 ; L. ii. 264).

Jo. viii. 44.   Ἡμεῖς μὲν οὖν τοῦ Ἐν τῇ ἀληθείᾳ οὐκ ἕστηκεν ἀκούομεν οὐχ ὡς φύσιν τοιαύτην ἐμφαίνοντος, οὐδὲ τὸ ἀδύνατον περὶ τοῦ ἐστηκέναι αὐτὸν ἐν ἀληθείᾳ παριστάντες.   ὁ δὲ Ἡρακλέων εἰς ταῦτά φησι τό Οὐ γὰρ ἐκ τῆς ἀληθείας ἡ φύσις ἐστὶν αὐτοῦ, ἀλλ' ἐκ τοῦ ἐναντίου τῇ ἀληθείᾳ, ἐκ 5 πλάνης καὶ ἀγνοίας.   διό, φησὶν, οὔτε στῆναι ἐν ἀληθείᾳ οὔτε σχεῖν ἐν αὐτῷ ἀλήθειαν δύναται, ἐκ τῆς αὐτοῦ φύσεως ἴδιον ἔχων τὸ ψεῦδος, φυσικῶς μὴ δυνάμενός ποτε ἀλήθειαν εἰπεῖν.   λέγει δ' ὅτι Οὐ μόνος αὐτὸς ψεύστης ἐστὶν, ἀλλὰ καὶ ὁ πατὴρ αὐτοῦ, ἰδίως 10 πατὴρ αὐτοῦ ἐκλαμβάνων τὴν φύσιν αὐτοῦ, ἐπείπερ ἐκ πλάνης καὶ ψεύσματος συνέστη.   ταῦτα δὲ ὅλα ῥύεται τὸν διάβολον παντὸς ψόγου καὶ ἐγκλήματος καὶ μέμψεως· οὐδεὶς γὰρ εὐλόγως ἂν ψέξαι ἢ ἐγκαλέσαι ἢ μέμψαιτο τῷ μὴ πεφυκότι πρὸς τὰ κρείττονα.   ἀτυχὴς οὖν 15 μᾶλλον ἢ ψεκτὸς ὁ διάβολος κατὰ τὸν Ἡρακλέωνά ἐστιν.

2 οὐδὲ] οὔτε.   14, 15 μέμψαιτο] μέμψαιτε τό.   16 ψεκτὸς] ψευκτὸς (ut videtur).

35. ἡ ὀργὴ ἧς] This emendation satisfies the requirement of the context best, while it involves least alteration of the ms. reading.
41. κατασκευὴν] Cf. Frag. 33.

48. *Ibid.* xx. 30 (R. IV. 359; L. II. 290).

Ὁ μέντοι γε Ἡρακλέων τό Ἔςτιν ὁ ζητῶν καὶ κρίνων Jo. viii. 50.
οὐκ ἀναφέρει ἐπὶ τὸν πατέρα, τοιαῦτα λέγων· Ὁ ζητῶν καὶ
κρίνων ἐστὶν ὁ ἐκδικῶν με, ὁ ὑπηρέτης ὁ εἰς τοῦτο
τεταγμένος, ὁ μὴ εἰκῆ τὴν μάχαιραν φορῶν, ὁ ἔκδικος Rom. xiii.
5 τοῦ βασιλέως. Μωσῆς δέ ἐστιν οὗτος, καθὰ προεί- 4.
ρηκεν αὐτοῖς λέγων Εἰς ὃν ὑμεῖς ἠλπίςατε. εἶτ᾽ ἐπι- Jo. v. 45.
φέρει ὅτι Ὁ κρίνων καὶ κολάζων ἐστὶ Μωσῆς, τουτ-
έστιν αὐτὸς ὁ νομοθέτης. καὶ μετὰ τοῦτο πρὸς ἑαυτὸν
ἐπαπορεῖ ὁ Ἡρακλέων λέγων· Πῶς οὖν οὐ λέγει τὴν
10 κρίςιν πᾶςαν παραδεδόσθαι αὐτῷ; καὶ νομίζων λύειν
τὴν ἀνθυποφορὰν ταῦτά φησι· Καλῶς λέγει, ὁ γὰρ κριτὴς
ὡς ὑπηρέτης τὸ θέλημα τούτου ποιῶν κρίνει, ὥσπερ
καὶ ἐπὶ τῶν ἀνθρώπων φαίνεται γινόμενον. πῶς δὲ
ἄλλῳ τινὶ ἀνατίθησι τὴν κρίσιν ὡς ὑποδεεστέρῳ τοῦ Σωτῆρος,
15 καθ᾽ ὃ νομίζει, τῷ Δημιουργῷ, οὐδ᾽ οὕτω ἀποδεῖξαι δύναται,
σαφῶς γεγραμμένου τοῦ Οὐδὲ γὰρ ὁ πατὴρ κρίνει οὐδένα ἀλλὰ Jo. v. 22.
τὴν κρίςιν πᾶςαν δέδωκε τῷ υἱῷ, καὶ τοῦ Ἐξουσίαν ἔδωκεν Jo. v. 27.
αὐτῷ κρίςιν ποιεῖν, ὅτι υἱὸς ἀνθρώπου ἐστίν.

5 οὗτος] οὕτως.

49. CLEM. ALEX. *Eclog. Prophet.* § 25, p. 995 (ed. Potter).

Ὁ Ἰωάννης φησὶν ὅτι Ἐγὼ μὲν ὑμᾶς ὕδατι βαπτίζω, ἔρχεται Cf. Mt. iii.
δέ μου ὀπίσω ὁ βαπτίζων ὑμᾶς ἐν πνεύματι καὶ πυρί. πυρὶ δὲ Lc. iii. 16.
οὐδένα ἐβάπτισεν. ἔνιοι δέ, ὥς φησιν Ἡρακλέων, πυρὶ τὰ
ὦτα τῶν σφραγιζομένων κατεσημήναντο, οὕτως ἀκούσαντες
5 τὸ ἀποστολικόν.

4 κατεσημήναντο] κατεσημήνατο.

48. 6. ἠλπίσατε] No authority for the aorist in the text of S. John is quoted by Tischendorf.

15. τῷ Δημιουργῷ] Apparently Heracleon must have spoken of Moses as a type of the Demiurge. Origen has refuted more of Heracleon's comments, than he has quoted: unless, indeed, we may see a reference to this identification in the words αὐτὸς ὁ νομοθέτης.

49. 1. It is not easy to determine how much of Heracleon is embodied in this section of Clement. It seems however probable that we should only assume a reference to a practice

50. CLEM. ALEX. *Strom.* IV. 9, p. 595 (ed. Potter).

Cf. Lc. xii. 8—11.

Τοῦτον ἐξηγούμενος τὸν τόπον¹ Ἡρακλέων, ὁ τῆς Οὐαλεντίνου σχολῆς δοκιμώτατος, κατὰ λέξιν φησίν Ὁμολογίαν εἶναι τὴν μὲν ἐν τῇ πίστει καὶ πολιτείᾳ, τὴν δὲ ἐν φωνῇ. ἡ μὲν οὖν ἐν φωνῇ ὁμολογία καὶ ἐπὶ τῶν ἐξουσιῶν γίνεται, ἣν μόνην, φησὶν, ὁμολογίαν ἡγοῦνται 5 εἶναι οἱ πολλοί, οὐχ ὑγιῶς. δύνανται δὲ ταύτην τὴν ὁμολογίαν καὶ οἱ ὑποκριταὶ ὁμολογεῖν. ἀλλ' οὐδ' εὑρεθήσεται οὗτος ὁ λόγος καθολικῶς εἰρημένος· οὐ γὰρ πάντες οἱ σωζόμενοι ὡμολόγησαν τὴν διὰ τῆς φωνῆς ὁμολογίαν καὶ ἐξῆλθον, ἐξ ὧν Ματθαῖος, Φί- 10 λιππος, Θωμᾶς, Λευὶς καὶ ἄλλοι πολλοί. καὶ ἔστιν ἡ διὰ τῆς φωνῆς ὁμολογία οὐ καθολική, ἀλλὰ μερική· καθολικὴ δὲ, ἣν νῦν λέγει, τὴν ἐν ἔργοις καὶ πράξεσι καταλλήλοις τῆς εἰς αὐτὸν πίστεως. ἕπεται δὲ ταύτῃ τῇ ὁμολογίᾳ καὶ ἡ μερικὴ ἡ ἐπὶ τῶν ἐξουσιῶν, ἐὰν δέῃ 15 καὶ ὁ λόγος αἱρῇ. ὁμολογήσει γὰρ οὗτος καὶ τῇ φωνῇ, ὀρθῶς προομολογήσας πρότερον τῇ διαθέσει. καὶ καλῶς ἐπὶ τῶν ὁμολογούντων, Ἐν ἐμοὶ εἶπεν, ἐπὶ δὲ

1 τόπον] τρόπον.

mentioned by Heracleon. If not, the sentence which immediately follows in the *Eclogae* must be his citation of a divergent version of Matt. iii. 10. On the whole however it seems more natural to refer it to Clement himself, as also the remainder of the section, though it might possibly be regarded as containing Heracleonic doctrine. We can hardly therefore quote the continuation of this passage as proof that Heracleon read διακαθᾶραι.

For the text of Fragments 49 and 50 I have collated the Florence MS. of Clement's *Stromateis* and *Eclogae*, and noted its variants in the digest.

50. 1. Clement, after quoting this passage, expresses his approval of it, only remarking that Heracleon has overlooked the fact that a confession which involves the penalty of death is a sufficient test of sincerity. The history of North Africa however may possibly justify Heracleon's opinion.

It may be well to state that we have no evidence, besides that contained in the words τοῦτον ἐξηγούμενος τὸν τόπον, as to whether Heracleon wrote a Commentary on S. Luke. The MS. reading τρόπον is interesting, but, as in Clement a long quotation immediately precedes the words, it must be merely a scribe's error for τόπον.

11. Λευὶς] For the early distinction of Levi from Matthew, cf. Origen *c. Celsum* i. 62, unless indeed the reading mentioned there by Origen is a variant for Θαδδαῖον (Mc. iii. 18).

τῶν ἀρνουμένων, τό Ἐμὲ προσέθηκεν. οὗτοι γὰρ κἂν
20 τῇ φωνῇ ὁμολογήσωσιν αὐτὸν, ἀρνοῦνται αὐτὸν τῇ
πράξει μὴ ὁμολογοῦντες. μόνοι δ' ἐν αὐτῷ ὁμολο-
γοῦσιν οἱ ἐν τῇ κατ' αὐτὸν ὁμολογίᾳ καὶ πράξει
βιοῦντες, ἐν οἷς καὶ αὐτὸς ὁμολογεῖ ἐνειλημμένος
αὐτοῖς καὶ ἐχόμενος ὑπὸ τούτων. διόπερ ἀρνήcαcθαι 2 Tim. ii.
25 ἑαυτὸν οὐδέποτε δύναται· ἀρνοῦνται δὲ αὐτὸν οἱ μὴ
ὄντες ἐν αὐτῷ. οὐ γὰρ εἶπεν Ὃc ἀρνήcεται ἐν ἐμοὶ
ἀλλ' Ἐμέ. οὐδεὶς γάρ ποτε ὢν ἐν αὐτῷ ἀρνεῖται
αὐτόν. τὸ δέ Ἔμπροcθεν τῶν ἀνθρώπων, καὶ τῶν σω-
ζομένων καὶ τῶν ἐθνικῶν δὲ ὁμοίως, παρ' οἷς μὲν καὶ
30 τῇ πολιτείᾳ, παρ' οἷς δὲ καὶ τῇ φωνῇ. διόπερ ἀρνή-
cαcθαι αὐτὸν οὐδέποτε δύνανται, ἀρνοῦνται δὲ αὐτὸν
οἱ μὴ ὄντες ἐν αὐτῷ. Ταῦτα μὲν ὁ Ἡρακλέων.

24 αὐτοῖς] αὐτοὺς.

51. PHOTIUS *Ep.* 134 (ed. Rich. Montacutius), Ἰωάννῃ
πρωτοσπαθαρίῳ καὶ πρωτονοταρίῳ τὸ ἐπίκλην Χρυσο-
κέρῃ (*Ep.* 60, ed. Baletta).

Οὐδὲ γὰρ ἐφ' ὕβρει καὶ διαβολῇ τοῦ νόμου τό Ἡ χάρισ Jo. i. 17.
δὲ καὶ ἀλήθεια δι' Ἰηcοῦ Χριcτοῦ ἐγένετο τοῖς εὐαγγελικοῖς
θεσμοῖς περιήρμοσεν. Ἡρακλέων γὰρ ἂν οὕτως εἴποι καὶ
οἱ παῖδες Ἡρακλέωνος.

51. 1. I have given the full title, as πρωτοσπαθάριος is not sufficiently distinctive as a description of the recipient of an Epistle from Photius. The same letter is also found in his Amphilochia, 246.

3. This reference to Heracleon is interesting, as extreme antagonism to the law does not seem to have been characteristic of him (see Frag. 20). Perhaps his followers may have developed this line of Gnosticism more than their master.

ADDITIONAL NOTES.

A. HERACLEON AND VALENTINUS.

The extant Fragments of Valentinus offer some points of comparison with those of Heracleon, especially with regard to language and terminology, which can be most conveniently discussed in an Additional Note. I follow the order in which these Fragments are given in Hilgenfeld's collection (*Ketzergeschichte*, p. 293), and have adopted his text where I quote from them. I have also given references to the pages of Potter's edition of Clement of Alexandria.

1. Clem. Alex. *Strom.* II. 8, p. 448. Valentinus is speaking of the terror which came upon the Angels (of the Demiurge) at the utterances of the man whom they had created (ἐκείνου τοῦ πλάσματος). These were due to Him who had placed in man the seed of the higher essence (διὰ τὸν ἀοράτως ἐν αὐτῷ σπέρμα δεδωκότα τῆς ἄνωθεν οὐσίας). Compare Heracleon's explanation of the 'forty and six years' (Frag. 16), τὴν ὕλην τουτέστι τὸ πλάσμα...τὸ ἐν τῷ ἐμφυσήματι σπέρμα. Heracleon has retained the terminology of his master. With the Angels compare Frag. 36, οἱ τῆς οἰκονομίας ἄγγελοι, δι' ὧν ὡς μεσιτῶν ἐσπάρη καὶ ἀνετράφη. Valentinus goes on to speak of an Ἄνθρωπος in whose name Adam was formed; this may perhaps throw some light on the important position assigned to Ἄνθρωπος in Heracleon's account of the two υἱοὶ τοῦ ἀνθρώπου (Frag. 35).

2. Clem. Alex. *Strom.* II. 20, p. 488. The expulsion of 'every evil spirit' from the heart of man reminds us of Heracleon's interpretation of the words Ὁ ζῆλος τοῦ οἴκου σου καταφάγεταί με as being spoken ἐκ προσώπου τῶν ἐκβληθέντων καὶ ἀναλωθέντων ὑπὸ τοῦ Σωτῆρος δυνάμεων (Frag. 14): and with the words ἐνυβριζόντων ἐπιθυμίαις compare Heracleon's description of the former life of the Samaritan woman, ἐνυβριζομένη καὶ ἀθετουμένη καὶ ἐγκαταλειπομένη (Frag. 18). On πολλῶν δαιμόνων οἰκητήριον see the note on Frag. 20 (p. 77).

3. Clem. Alex. *Strom.* III. 7, p. 538. The Docetism of this Fragment should be compared with Heracleon's teaching on the βρῶμα ἴδιον of the Lord (Frag. 31), and the healing of the Ruler's son (Frag. 40); but the question of Heracleon's Docetism has been discussed in the Introduction (p. 46).

4. Clem. Alex. *Strom.* IV. 13, p. 603. With ζωὴ αἰώνιος and the victory of its children over φθορά, compare Frag. 17 αἰώνιος γὰρ ἡ ζωὴ αὐτοῦ καὶ μηδέποτε φθειρομένη. The distinction between κόσμος and κτίσις in the last sentence of Valentinus, ὅταν γὰρ τὸν μὲν κόσμον λύητε, αὐτοὶ δὲ μὴ καταλυησθε, κυριεύετε τῆς κτίσεως καὶ τῆς φθορᾶς ἁπάσης, is explained by Frag. 20, where Heracleon speaks of the κόσμος as the world of the Devil, and connects κτίσις with the κτίστης or Demiurge, whom the Jews worshipped.

ADDITIONAL NOTES. 105

5. **Clem. Alex. *ibid.*** As this is the most important Fragment of Valentinus in the present connexion, it may be well to quote his words in full.

'Οπόσον ἐλάττων ἡ εἰκὼν τοῦ ζῶντος προσώπου, τοσοῦτον ἥσσων ὁ κόσμος τοῦ ζῶντος αἰῶνος. τίς οὖν αἰτία τῆς εἰκόνος; μεγαλωσύνη τοῦ προσώπου παρεσχημένου τῷ ζωγράφῳ τὸν τύπον, ἵνα τιμηθῇ δι' ὀνόματος αὐτοῦ. οὐ γὰρ αὐθεντικῶς εὑρέθη μορφή, ἀλλὰ τὸ ὄνομα ἐπλήρωσεν τὸ ὑστερῆσαν ἐν πλάσει. συνεργεῖ δὲ καὶ τὸ τοῦ θεοῦ ἀόρατον εἰς πίστιν τοῦ πεπλασμένου.

Here ὁ κόσμος is used in its wider sense. The meaning of the Fragment must be that as the likeness is inferior to the living person, so is the world (created by the Demiurge) less than the living Aeon. The greatness of the archetype is the cause of the copy; and the 'name' of the archetype supplies what is deficient in the copy. The use of αἰών, contrasted with κόσμος, recalls Heracleon's usage of the word, as equivalent to the Pleroma, or more generally, the spiritual sphere; see Fragg. 1, 18 and 22. Compare especially the phrases in 22, ὁ ἐν αἰῶνι καὶ οἱ σὺν αὐτῷ ἐλθόντες and ἐπείπερ εἰκόνες οὗτοι (sc. οἱ Ἰουδαῖοι) τῶν ἐν τῷ πληρώματι αὐτῷ εἶναι νομίζονται.

The terminology which Clement uses in his explanation of this Fragment of Valentinus is of more importance. His interpretation of it appears to be as follows; ἡ εἰκών = the Demiurge, Sophia's πλάσμα created to give glory to the Father : τὸ ζῶν πρόσωπον = the Father, the True God: ζωγράφος = Sophia. [As the Demiurge is inferior to the Father, so is the κόσμος to the living Aeon.] The Demiurge is an εἰκών (of the Father) as being ἀπὸ ἑνός, the production of Sophia. The offspring of a συζυγία are not εἰκόνες but πληρώματα (cf. *Excerpta ex Theod.* § 32). The next sentence is hardly intelligible. But the words τὸ ἐμφύσημα τοῦ διαφέροντος πνεύματος, ἡ ἐκ μεσότητος ψυχή, and ὃ ἐμπνεῖται τῇ ψυχῇ, shew great similarity of substance with the teaching of Frag. 16; and the use of πλήρωμα immediately recalls Heracleon's use of it to represent the 'husband' of the Samaritan woman (Frag. 18). It is impossible to tell whether Clement has made use of the writings of Valentinus in his explanation of that part of them which he quotes, and apparently misunderstands. But if it is so, some of Heracleon's most peculiar terminology was derived from his master.

6. **Clem. Alex. *Strom.* vi. 6, p. 767.** Beyond the implied restriction of ἡ ἐκκλησία to the πνευματικοί (cf. Frag. 25 etc.) this Fragment offers no further points for comparison, and the same is the case with the remaining Fragments of Valentinus.

Thus a detailed comparison of the language used by Heracleon and Valentinus reveals linguistic affinities which thoroughly agree with the supposition adopted in the Introduction (p. 38) that Heracleon did not materially alter the system of Valentinus.

B. The Excerpta ex Theodoto.

When I was in Florence last December (1890), I made use of the opportunity to collate the two Fragments of Heracleon which are contained in the *Stromateis* and *Eclogae Propheticae* of Clement, and also the whole of the *Excerpta ex Theodoto*. As I have had occasion to quote the *Excerpta* frequently in my notes I have thought it worth while to append in an additional note the few variants which Dindorf has not noticed in his digest. But he has either adopted in his text or noticed practically all the variants from Migne's text which are of any value.

Dindorf, vol. III. p. 425 l. 15	μετὰ τὴν ‸ τῆς	ins. ἐκ intra lin.
426 l. 10	τοῦ	τοῖς
429 l. 11	ἀπειληφότων	ἀπειληφότωνά (sic)
434 l. 3	Οὐαλεντινιανοί	Οὐαλεντινιανοῦ
436 l. 8	ὁρᾶται	ὁρᾶτε
441 l. 19	χωρίσας	χωρήσας (? corr.)
445 l. 22	διαπνεῦσαν	διαπνεῦσαι
450 l. 30	μορφωθέντες	μορφωθέντας
452 l. 20	ἐστι	σ eras.
453 l. 13	τῷ	τὸ
453 l. 14	ὀλίγου	ὀλίγον

C. On the Text of Fragment 24.

To judge from the conjectural emendations which have been suggested, the text of the latter part of this fragment offers a problem of great difficulty. The attested text of the sentence beginning 'Ἀλλ' οὐχ ὁρῶσιν is as follows:

  'Ἀλλ' οὐχ ὁρῶσιν (12)   ὅτι παντὸς (13)   καὶ τῶν αὐτῶν δεκτικόν.

It is important to start from this, as all conjectural restorations seem to have been based upon the words τῶν ἐναντίων, which have no manuscript authority whatever, and are only a guess of the "emendator" in the margin of the Bodleian, who introduces his suggestions with the word ἴσως, and is certainly later than the other emendator, who uses the word τάχα.

Origen's argument seems to be as follows. Is it not ἀσεβὲς to call the spiritual worshippers, *whom Heracleon has just called adulterers* (in that he has just said that the Samaritan woman πνευματικῆς φύσεως οὖσα has committed adultery), ὁμοούσιοι with God? Heracleon and his followers do not see that, etc. But if the πνευματικὴ φύσις being ὁμοούσιος with God could commit adultery, impious deductions follow from their argument concerning God. The impious deduction is clearly something equivalent to δέχεται ὁ θεὸς τὸ πορνεῦσαι. Origen refutes the position of Heracleon, that God and the πνευματικοί are ὁμοούσιοι by a *reductio ad absurdum* through two syllogisms:

(1) major.   (?)
    minor.   God and the πνευματικὴ φύσις are ὁμοούσια:
    ∴   God and the πν. φύσις are τῶν αὐτῶν δεκτικά.
(2) major.   God and the πν. φύσις are τῶν αὐτῶν δεκτικά:
    minor.   The πν. φύσις ἐδέξατο τὸ πορνεῦσαι:
    ∴   God δέχεται τὸ πορνεῦσαι: (for if the πν. φύσ. ἐδέξατο, then it is δεκτικὸν of that which it ἐδέξατο).

This seems to be the strict argument, though of course it is stated more concisely in Origen, some of the terms being suppressed.

ADDITIONAL NOTES. 107

The only major which will suit the 1st syllogism seems to be τὰ ὁμοούσια τῶν αὐτῶν δεκτικά. I would therefore propose to read, Πᾶν τὸ ὁμοούσιον καὶ τῶν αὐτῶν δεκτικόν. This preserves the τῶν αὐτῶν which is attested by all the MSS., τῶν ἐναντίων having, as was noticed before, no MS. authority.

Ferrarius gave up the sentence as hopeless, and does not translate it (see Huet's edition: Delarue has here apparently introduced his own translation into that of Ferrarius). His (?) translation of the following words (εἰ δὲ ἐδέξατο...θεοῦ) 'Quod si [Heracleon ac sui sequaces] admiserint spiritualem naturam quae sit eiusdem essentiae [cum divina et undequaque beata natura ut ipsi tradunt] meretricari, profana et impia et irreligiosa sequuntur rationem ipsorum,' gives the sense of the sentence, but can hardly be intended for a literal translation. Thus no help is to be got from him. Delarue's note may be quoted as an example (perhaps not a fair one, as it is worse than most) of the treatment which the text has received at his hands:—

"Codd. Bodl. et Barb. ἐκπεπορνευκέναι. Regius πεπορνευκέναι. Mox Codex Bodleianus habet "'Ἀλλ' οὐχ ὁρῶσιν οἱ ταῦτα λέγοντες, ὅτι παντὸς τῶν ἐναντίων καὶ τῶν αὐτῶν δεκτικόν. Εἰ δὲ ἐδέξατο τὸ πορνεῦσαι ἡ πνευματικὴ φύσις, ὁμοούσιος οὖσα τῇ ἀγεννήτῳ ἀνόσια &c. sicque sanitati omnia restituuntur. Modo pro καὶ τῶν αὐτῶν legas καὶ τὸ αὐτό."

Codex Regius reads ἐκπεπορνευκέναι. All the marginal suggestions of the Bodleian MS. are set down as if they occurred in its original text.

How 'omnia sanitati restituuntur' by reading τὸ αὐτὸ for τῶν αὐτῶν I cannot see. God and the πνευματικὴ φύσις would hardly even by the impious Heracleon be called τὸ αὐτό. The point is *not* that τὸ αὐτὸ is δεκτικὸν τῶν ἐναντίων. The only deduction from this and the following sentence would be that God being (?) identical with the πνευματικὴ φύσις is capable of contrary things to what it is capable of, i.e. I suppose τὸ μὴ πορνεῦσαι, which deduction is not ἀνόσιον. The point is rather that God and the πν. φύσις, *being ὁμοούσια*, are τῶν αὐτῶν δεκτικά. Sense can be extracted from Grabe's conjecture, adopted by Hilgenfeld, ὅτι παντὸς καλοῦ τὸ πνεῦμα καὶ τῶν ἐναντίων οὐ δεκτικόν. The argument would then be I suppose somewhat as follows. Τὸ πνεῦμα is not δεκτικὸν of good and evil at the same time. The πνευματικὴ φύσις ἐδέξατο τὸ κακόν: therefore it cannot δέχεσθαι τὸ καλόν: and therefore God, being ὁμοούσιος with it, is not δεκτικὸς τοῦ καλοῦ, and is therefore δεκτικὸς τῶν ἐναντίων i.e. of evil. But the objections to it are insuperable: (a) It makes Origen guilty of unparalleled obscurity. (β) It has no support whatever from the MSS. (γ) It is based on the unfortunate conjecture τῶν ἐναντίων. (δ) It would require τοῦ ἐναντίου. (ε) It makes τὸ πνεῦμα = ἡ πνευματικὴ φύσις.

INDEX OF PASSAGES OF SCRIPTURE QUOTED, EXPLAINED, OR REFERRED TO BY HERACLEON.

The figures refer to the number of the page. Square brackets have been used where the reference is doubtful.

Gen.	vi. 2	93	Jo.	iv. 16	73 f.
[Ps.	xix. (xviii.) 5	79]		17	74
Ps.	lxix. (lxviii.) 10	69		18 f.	75
Is.	i. 2, 4	93		20 f.	76
	v. 1, 2	93		22	78 f.
	[xxv. 8	92]		23	80
[Jer.	vii. 11	69]		24	79, 81
[Ezek.	xxxiv. 16	80]		25—27	82
[Mt.	iii. 11	101]		28—31	83
Mt.	viii. 12	93		32—34	84
	ix. 37	86		35	86
	x. 28	92		36	87 f.
	xi. 11	58		37	88
	xxi. 13	69		38 f.	89
	xxiii. 15, 33	99		40	90
	xxv. 1	84		42	91
[Lc.	iii. 16	101]		46	91
Lc.	vii. 26	65		47—49	92
	28	58		50—53	93
	xii. 8—11	102		54	92
	xix. 10	80		v. 45	101
Jo.	i. 3	50, 80		viii. 12 ff.	95 f.
	4	53		21 f.	95 f.
	18	55		37 f.	97
	20	56		43	97
	21	56, 58		44	97, 98, 100
	23	56		47	97
	25	61		50	101
	26 f.	62 f.	Rom.	i. 25	79
	28 f.	65		[v. 15	72]
	ii. 12 f.	66 f.		vi. 21	92
	14 f.	68 f.		xiii. 4	101
	17	69	1 Cor.	x. 5	79
	19 f.	70 f.		xv. 53 f.	92
	iv. 11	84	Gal.	iii. 19	89
	14	72 f.	2 Tim.	ii. 13	103
	15	73	Heb.	ix. 7	68

INDEX OF GREEK WORDS IN THE FRAGMENTS OF HERACLEON.

The figures refer to the number and line of the Fragments.

Ἀβραάμ 44, 9
ἀγγελικὴ τάξις, ἡ 40, 48
ἄγγελος 21, 27; 35, 17; οἱ τῆς οἰκονομίας ἄγγ. 36, 7; οἱ ἄγγ. τοῦ Δημιουργοῦ 40, 37
ἄγειν, εἰς φωτισμὸν κ.τ.λ. 2, 8
ἅγια τῶν ἁγίων 13, 7
ἀγνοεῖν 18, 9
ἄγνοια 19, 13; 40, 10; 41, 3; 47, 6
ἀδιάκριτος 17, 30
ἀθανασία 40, 19
ἀθάνατος 40, 14
αἴσθησις 40, 22
αἰών 1, 6; 18, 21; 22, 2; 23, 14; 38, 3
αἰώνιος 17, 16; 34, 7; 42, 6
ἀκμαῖος 32, 7
ἀλλότριος 40, 56
ἄλλως 19, 15
ἁμάρτημα 40, 10; 41, 4
ἁμαρτία 10, 4; 40, 26 etc.
ἀμελεῖν 19, 13
ἀμνός 10, 3
ἀνάβασις 13, 4
ἀναδεικνύναι 2, 9
ἀναιρεῖν 12, 3; 40, 25
ἀνάκρασις 18, 7
ἀναλίσκειν 17, 19; 46, 26
ἀναλοῦν 14, 3
ἀναπαύεσθαι 34, 5
ἀνάπαυσις 12, 3; 31, 5; 32, 9; 33, 6; 42, 5
ἀνάστασις 15, 5
ἀναστροφή 27, 21
ἀνατρέφειν 36, 8
ἀνεπιτήδειος 43, 3
ἀνηλοῦν 13, 28
ἄνοδος 13, 2
ἀνοίκειος 11, 6; 40, 40
ἀνομία 46, 31

ἄντικρυς 19, 9
ἄντλημα 30, 5
ἄνωθεν 17, 27; 40, 11
ἀξία 46, 19
ἀόρατος 24, 2
ἀπαλλάττειν 19, 23
ἀπιστία 41, 4
ἀποθήκη 32, 8; 33, 6
ἀποκατάστασις 34, 4
ἀπολλύναι 23, 5
ἀπρόσπλοκος 16, 9
ἀπώλεια 23, 13; 40, 52
ἀργῶς 11, 3
ἀριθμός 16, 7
ἀρνεῖσθαι 50, 19
ἀρχιερεύς 13, 8
ἀσθενεῖν 40, 9
ἀσχημοσύνη 19, 10
ἀτελής 10, 7
ἄτονος 17, 2
ἄτροφος 17, 43
ἀτυφία 40, 29
ἀφανίζειν 13, 29
ἄφεσις 40, 33
ἀφθαρσία 40, 18; 41, 4
ἄχραντος 24, 2

βαθύς 23, 5; 30, 5
βαπτιστής 3, 7; 8, 27
βασιλικός 40, 1
Βηθανία 9, 5
βοηθεῖν 13, 6; 40, 28
βρῶμα 31, 4

Γαλιλαία 40, 11
γάμος 12, 6; 38, 3
γέεννα 40, 16; 46, 23
γένεσις 1, 24; 2, 6
γεννᾶν 46, 25

INDEX OF GREEK WORDS.

γέννημα 32, 3; 46, 24
γνώμη 43, 4; 46, 18

δέρμα 13, 32
Δημιουργός 1, 24; 8, 37; 20, 16; 22, 18; 40, 38
διάβολος 20, 7; 44, 4; 45, 2; 46, 3
διάθεσις 27, 2; 50, 17
διακρίνειν 17, 31
διανοεῖν 5, 7; 30, 3
διανύσσειν 17, 38
διαχειρίζεσθαι 42, 9
δόγμα 40, 13
δόξα 17, 3
δοῦλος 5, 32; 40, 37
δύναμις 13, 21; 14, 3; 17, 14; 18, 6; 27, 2; 31, 5
δυσπόριστος 17, 42

ἐγκαταλείπειν 18, 27
ἐθνικός 20, 11; 21, 11; 50, 29
εἰκών 13, 3; 16, 6; 22, 9
εἰλικρινῶς 40, 44
ἐκβάλλειν 14, 2
ἐκβλύζειν 17, 27
ἐκδικεῖν 48, 3
ἔκδικος 48, 4
ἐκκλησία 13, 33; 15, 5; 25, 2; 37, 3
ἐκλέγειν 36, 13
ἐκλογή 37, 5
ἐκπίπτειν 24, 14
ἐκπορνεύειν 19, 12; 24, 15
ἐκφυσᾶν 13, 22
ἐλάττων 8, 37
Ἕλλην 21, 23
ἐμβάλλειν 46, 26
ἐμφύσημα 16, 9
ἐνδείκνυσθαι 17, 30
ἐνδύεσθαι 40, 18
ἔνδυμα 5, 52
ἐνέργεια 13, 22
ἐνεργεῖν 1, 35; 35, 11
ἐνεστώς 32, 5; 88, 3
ἐνικός 37, 6
ἔννοια 27, 2
ἐνοικεῖν 10, 9
ἐντυγχάνειν 39, 6
ἕνωσις 18, 7
ἑορτή, ἡ μεγάλη 12, 1

ἐπιδημία 40, 45
ἐπιθυμία 46, 5
ἐπιλείπειν 17, 7
ἐπιλύειν 8, 31
ἐπίμοχθος 17, 42
ἐπισπείρειν 32, 11
ἐπίστασθαι 25, 3
ἐπιστρέφειν 38, 6
ἐπιτηδεῖος 32, 7; 33, 5
ἐπιτηδείως 40, 17
ἐπιχορηγεῖν 17, 27
ἔρημος 5, 7; 20, 9
ἐρρωμένως 40, 43
ἔσχατος 11, 4
ἕτοιμος 32, 7; 36, 13
εὐαγγελίζεσθαι 27, 16
εὐδοκεῖν 22, 6
εὔπιστος 40, 35
εὑρίσκειν 13, 11
εὐσχημόνως 19, 1
ἔχιδνα 46, 24

ζῆλος 14, 1
ζωοποιεῖν 40, 33

Ἠλίας 4, 8; 5, 39
Ἡσαΐας 5, 81; 40, 54
ἦχος 5, 8

θάλασσα 40, 8
θέλημα 31, 4; 46, 5
θεοσέβεια 24, 10
θερίζειν 34, 4; 35, 5; 36, 10
θερισμός 32, 3; 33, 5
θεριστής 34, 2; 35, 16
θέσις 46, 12
θρέμμα 17, 5
θύεσθαι 10, 11; 12, 4
θυσία 13, 18
Θωμᾶς 50, 11

Ἰακώβ 17, 5
ἱερόν 13, 8
Ἱεροσόλυμα 13, 1; 20, 11
Ἱερουσαλήμ 13, 3
Ἰουδαία 22, 5; 40, 12
Ἰουδαῖοι 20, 12; 21, 11; 22, 8; 42, 3
Ἰωάννης 4, 7; 5, 7; 7, 5; 8, 36; 10, 3

καθαρός 24, 2

INDEX OF GREEK WORDS.

καθολικός 40, 5 ; 50, 12
καθολικῶς 50, 8
κακία 13, 30 ; 18, 24 ; 20, 9
καταβαίνειν 11, 3 ; 40, 31
καταλείπειν 27, 3
κατάλληλος 17, 30 ; 50, 14
κατασκευάζειν 5, 79 ; 13, 31 ; 16, 5
κατασκευή 33, 8
κατελθεῖν 8, 29 ; 11, 5 ; 40, 50
Καφαρναούμ 11, 4 ; 40, 6
κέρδος 13, 16
κερματιστής 13, 14
κλῆσις 13, 5 ; 27, 16
κοινότερον 5, 70
κολάζειν 48, 7
κοπιᾶν 36, 6
κόπος (?) 36, 9
κοσμικός 17, 4 ; 18, 8 ; 27, 21
κόσμος 1, 3 ; 8, 2 ; 11, 5 ; 18, 20 ; 20, 7 ; 27, 6 ; 31, 9 ; 37, 2 ; 40, 43
κριός 10, 10
κρύος 36, 10
κτίσις 20, 11 ; 22, 19
κτίστης 20, 11 ; 22, 20
κυβευτής 13, 29
κυρίως 46, 20

λατρεία 13, 18 ; 19, 13 ; 24, 10
λατρεύειν 20, 14 ; 21, 24 ; 22, 19
Λευίς 50, 11
Λευίτης 13, 10
Λευιτικός 5, 63
λέξις 8, 38
λίνον 13, 23
λογικός 24, 10
λόγος, ὁ 1, 7 ; 5, 6 ; 22, 7 ; 33, 8 ; 44, 5 ; 45, 1

μαρτυρία, ἀνθρωπίνη 39, 7
Ματθαῖος 50, 10
μάχαιρα 48, 4
μέγεθος 8, 29
μερικός 50, 12
μεσίτης 36, 7
μεσότης 40, 7
μεταβάλλειν, see 40, 68
μεταβολή 5, 30
μετατίθημι 5, 28
μισθός 34, 3
μονοειδής 37, 5

μορφή 2, 7
μόρφωσις, πρώτη 2, 6
Μωσῆς 48, 5

ναός 16, 6
νῖκος 40, 20
νοεῖν 1, 35 ; 8, 36 ; 13, 6 ; 22, 8 ; 35, 17
νόμιμος 18, 10
νομοθέτης 48, 8
νόμος 20, 10 ; 40, 25
νόσος 40, 32

ξένος 13, 16
ξύλον 13, 26

ὁδηγεῖσθαι 39, 5
οἰκεῖος 5, 27 ; 23, 6 ; 40, 49
οἰκείως 40, 21
οἰκητήριον 20, 9
οἰκονομία 8, 32 ; 11, 2 ; οἱ τῆς οἰκ. ἄγγελοι 36, 7
οἰκουμένη 22, 8
ὁμολογεῖν 4, 7 ; 8, 38 ; 19, 2 ; 26, 5 ; 50, 7
ὁμολογία 50, 2
ὀνομασία 46, 18
ὅρος 20, 6
οὐσία 43, 4 ; 44, 7 ; 45, 2 ; 46, 2
ὄφις 46, 24

πάθος 12, 2 ; 38, 4
πανουργία 6, 10
παραδοχή 33, 7
παράθεσις 10, 8
παρουσία 27, 7
περιγραφή (?) 2, 8
περισσότερον 10, 4
Πέτρος 21, 22
πλανᾶν 22, 17
πλάνη 22, 16 ; 23, 6 ; 24, 9 ; 47, 6
πλάσμα 16, 7
πλήρωμα 13, 11 ; 18, 5 ; 22, 10
πλησιάζειν 18, 25
πνεῦμα 13, 6 ; 17, 13 ; 24, 8 ; 27, 7 ; τὸ ἅγ. πν. 13, 22
πνευματικός 2, 3 ; 15, 4 ; 20, 15 ; 23, 12 ; 24, 15 ; 37, 3
πνευματικῶς 24, 6
πολιτεία 50, 3
πολιτεύεσθαι 40, 44

πολυπραγμονεῖν 5, 61
πονηρός 40, 56
πονηρῶς 42, 2
πορεύεσθαι, εἰς φθοράν 42, 10
πρεπόντως 19, 8
πρόβατον 10, 7; 12, 3; 13, 18
πρόδρομος 8, 22
πρόναος 13, 9
προσάγειν 27, 8
προσδέχεσθαι 25, 2
προσδοκᾶν 26, 4
πρόσκαιρος 17, 2; 40, 3
προσκαρτερεῖν 5, 62
πρόσωπον 8, 35; 14, 2; 40, 22
προφητεύειν 5, 80
προφήτης 4, 8; 5, 39; 10, 3; 19, 3
προφητικός, πρ. τάξις 5, 8

Σαμάρεια 26, 7; 28, 2; 31, 8
σαρκικῶς 24, 6
σάρξ 22, 16; σάρκα λαβεῖν 8, 30
σινδών 13, 24
σκάλλειν 36, 12
σκεῦος 27, 5
σκότος 46, 23
Σολομῶν 16, 4
σπείρειν 2, 7; 35, 2; 36, 8
σπέρμα 16, 10; 35, 3; 36, 5; 40, 56
σταυρός 13, 28
συζητεῖν 31, 3
συζήτησις 31, 10
σύμβολον 13, 10
συμπαραλαμβάνειν 20, 17
συμπλέκειν 18, 25
συναριθμεῖν 20, 18
συνιστάναι 46, 32
σωτηρία 13, 12; 22, 7; 33, 7; 34, 4; 40, 17
σώζειν 31, 7; 40, 50; 50, 9

τάξις 5, 8; 40, 48
ταπεινότερον 30, 3
τέλειος 10, 9
τελειότης 35, 12
τελέως 40, 26
τέλος 40, 24
τετράμηνον 32, 4

τετράς 16, 8
τημελεῖν 36, 12
τόπος 11, 6; 13, 3; 17, 39; ὁ ὑπὲρ τὸν τ.
υἱὸς ἀνθρώπου 35, 14
τρόπος 40, 39
τροφή 31, 5
τύπος 12, 2; 13, 27

ὑδρία 27, 1
ὕλη 16, 7; 20, 8; 21, 23; 23, 6; 36, 13; 40, 8
ὑλικός 11, 5; 13, 2; 18, 24
ὑπηρεσία 8, 26
ὑπηρέτης 48, 12
ὑποβεβηκώς 40, 7
ὑπόδημα 8, 30
ὑποκριτής 50, 7
ὑποτίθεσθαι 40, 13

φανεροῦν 44, 7
Φαρισαῖοι 6, 10; 7, 5
φθαρτός 40, 18
φθείρειν 17, 16
φθορά 42, 10
φθοροποιός 46, 25
φιλαργυρία 13, 17
Φίλιππος 50, 10
φραγέλλιον 13, 19
φυλή 5, 64
φυσικῶς 47, 8
φύσις 17, 31; 19, 8; 23, 12; 24, 2; 33, 9; 37, 5; 40, 10; 44, 8; 46, 11; 47, 4
φωτισμός 2, 8

χαίρειν 35, 2
χαρά 35, 12
χαρακτηρίζειν 5, 42; 40, 46
χείρων 13, 23
χοικός 46, 11
χορηγεῖν 13, 18
χρηματίζειν 46, 13

ψεῦδος 47, 8
ψεῦσμα 47, 12
ψεύστης 47, 10
ψυχή 27, 8; 32, 6; 35, 18; 40, 14
ψυχικός 13, 3; 37, 4; 46, 12

CAMBRIDGE: PRINTED BY C. J. CLAY, M.A. AND SONS, AT THE UNIVERSITY PRESS.

ERRATA.

Vol. I. No. 1, p. 36, ll. 14, 15 for "which we have spoken concerning him" read "concerning which we have spoken"
     p. 45, l. 7 omit "forward"
     p. ܂, l. 8 for ܟܘܢܝܐ read ܟܘܢܝܐ

No. 2, p. 5, l. 20 for "omission" read "omissions"
     p. 25, l. 24 for "There" read "These"
     p. 56, l. 5 for "Adv. Marc. 8" read "Adv. Marc. v. 8"
     p. 77, l. 35 for אָפֶר read עָפָר

No. 3, p. 64, l. 35 for "Bp Wordsworth" read "Dr Sanday"

No. 4, p. 5, l. 31 after $\dot{\epsilon}\sigma\dot{\alpha}\rho\dot{\varsigma}\sigma\cdot$ insert $\psi\sigma\cdot$